新电商精英系列教程

网店客服

第2版

阿里巴巴商学院 编著

电子工业出版社

Publishing House of Electronics Industry

北京·BEIJING

内 容 简 介

"电商精英系列教程"自从 2011 年问世以来,随着电子商务大潮在国内的兴起,成为全国范围内颇具影响力的电子商务系列教程,是几代电商人和院校学员学习的"绿色记忆"。2016 年,电子工业出版社推出丛书升级版本:"新电商精英系列教程"。这两套丛书累计销售 100 多万册,并且两次荣获电子工业出版社最佳品牌奖。

2019 年,"新电商精英系列教程"升级版问世!本套书均配有 PPT 课件,由阿里巴巴商学院召集多位优秀电商讲师和电商领域的专家学者编写,吸取了旧版丛书的经验,对于主流电子商务知识进行了更加细致、合理的规划设计,更符合新时期读者的知识需求。除升级原有的《网店客服》《网店美工》《网店推广》《数据化营销》《电商运营》五本书外,还新增了《内容营销:图文、短视频与直播运营》《跨境电商运营实务:跨境营销、物流与多平台实践》两本书。

《网店客服》(第2版)内容涵盖客服概论、客服岗位的知识储备、客服售前接待、售后客服、客服团队管理和智能客服体系。本书可作为各类院校电子商务及相关专业的教材,也可作为网络创业者和电子商务从业人员的参考用书。

未经许可,不得以任何方式复制或抄袭本书之部分或全部内容。
版权所有,侵权必究。

图书在版编目(CIP)数据

网店客服 / 阿里巴巴商学院编著. —2 版. —北京:电子工业出版社,2019.7

新电商精英系列教程

ISBN 978-7-121-36633-8

Ⅰ. ①网… Ⅱ. ①阿… Ⅲ. ①网店—商业服务—教材 Ⅳ. ①F713.365.2

中国版本图书馆 CIP 数据核字(2019)第 100380 号

责任编辑:石　悦
印　　刷:三河市华成印务有限公司
装　　订:三河市华成印务有限公司
出版发行:电子工业出版社
　　　　　北京市海淀区万寿路 173 信箱　　邮编:100036
开　　本:787×980　1/16　　印张:14　　字数:280 千字
版　　次:2016 年 8 月第 1 版
　　　　　2019 年 7 月第 2 版
印　　次:2021 年 8 月第 7 次印刷
定　　价:59.00 元

凡所购买电子工业出版社图书有缺损问题,请向购买书店调换。若书店售缺,请与本社发行部联系,联系及邮购电话:(010) 88254888,88258888。

质量投诉请发邮件至 zlts@phei.com.cn,盗版侵权举报请发邮件到 dbqq@phei.com.cn。
本书咨询联系方式:010-51260888-819,faq@phei.com.cn。

"新电商精英系列教程"编写委员会

组织单位：阿里巴巴商学院

主　　任：章剑林　阿里巴巴商学院　执行院长、教授

副 主 任：范志刚　阿里巴巴商学院　博士、副教授

委　　员：刘　闯　阿里巴巴商学院　博士、副教授
　　　　　沈千里　阿里巴巴商学院　博士、讲师
　　　　　项杨雪　阿里巴巴商学院　博士、讲师
　　　　　潘洪刚　阿里巴巴商学院　博士、讲师
　　　　　赵子溢　阿里巴巴商学院　博士、讲师
　　　　　章仲乐　阿里巴巴商学院　实验师

企业专家组成员：

陈林、李文渊、王鹏、辛嘉波、许途量、徐云、俞琦斌、叶正课

序

电子商务是一个充满魅力、不断演化扩张的新世界。随着消费者购买力的增强、社交媒体用户的激增、信息基础设施和技术的不断进步,过去20余年中国电子商务经历了从"工具"(点)、"渠道"(线)、"基础设施"(面)到"电商经济体"不断扩展和深化的发展阶段,并取得了举世瞩目的成就。根据商务部的数据,2018年全国网上零售额突破9万亿元,对社会消费品零售总额增长的贡献率达到45.2%,直接或间接带动就业超过4000万人,毋庸置疑,电子商务已成为中国经济社会转型发展的重要行业。

以互联网技术为核心的电子商务是一个发展迅速、创新层出不穷的行业。新技术变革、新模式涌现、新市场创造带来了巨大的商业机会和无穷的想象空间。从技术的角度来看,大数据、云计算、人工智能、虚拟现实等技术的快速发展,为电子商务创造了丰富的应用场景;而新技术的应用催生营销模式不断创新,从而驱动新一轮电子商务产业创新。以创新O2O、新零售为典型的新商业模式应运而生,数据驱动、网络协同、客户体验等成为电子商务2.0时代的核心要素,智能商业时代俨然已经开启。从区域的角度来看,各大电商争夺的"主战场"已悄然从一二线城市延伸到三四线城市,从国内市场逐渐向东南亚、非洲、中东等新兴电商市场转移,县域电商、跨境电商成为新的风口。诚然,这些新变化发生的同时,对覆盖全球经济的电商生态体系各类参与方也提出了更高的要求。

其中,最为突出的是电商人才如何支撑匹配行业发展的问题,这个问题已经成为各地发展电子商务的瓶颈。从需求端来看,电商行业发展相对落后地区的电商转型都面临着电子商务人才严重匮乏的窘境。在校电子商务专业的学生虽然掌握了一定的电子商务理论知识，但在实际操作和应用层面并无足够的解决问题的实际能力。而从业人员在实践当中积累的知识往往过于零散化和片段化，缺乏系统性和前瞻性，限制了其能力的进一步提升。从供给端来看，国内现有电商相关专业学生及电商从业者的学习内容难以与时俱进，以工业时代理念、模式、机制和体制培养人才的一整套传统的教育体系，也越来越不能适应新经济时代下对人才的巨大且崭新的知识要求。

阿里巴巴商学院对创新创业型电子商务人才培养的探索与实践从未停止，教育部高等学校电子商务类专业教学指导委员会在过去的数年中更是开展了大量有意义的工作，在电商人才培养的总体目标、专业素质构成、培训体系设置、产教融合拓展等方面提出了诸多宝贵建议。本人作为教育部高等学校电子商务类专业教学指导委员会的一员，参与和见证了国内电子商务人才培养的改革与创新，深知要在互联网发展日新月异的情境下保持相应电子商务知识内容体系的先进性是一个非常艰巨的挑战。

多年来，阿里巴巴商学院为适应不断变化和升级的新经济时代需求，在创新型人才尤其是电子商务领域人才的教育、培训和教材建设方面做了大量卓有成效的工作，为行业和社会各界输送了成千上万的高素质电子商务人才。此次聚焦了数十位国内著名的实践派专家，面向数字经济时代发生的新变化、新需求，升级了"新电商精英系列教程"，这是对电子商务人才培育实践工作的有益探索。同时，本丛书也是杭州市重点哲社基地"电子商务与网络经济研究中心"的专题成果，亦能从理论层面为促进电子商务行业发展发挥积极的作用。

章剑林
阿里巴巴商学院执行院长
教育部高等学校电子商务类专业教学指导委员会副主任
2019年4月于杭州

前　言

"电商精英系列教程"自从 2011 年问世以来，伴随电子商务大潮在国内的兴起，成为全国范围内颇具影响力的电子商务系列教程，是几代电商人和院校学员学习的"绿色记忆"。2016 年，电子工业出版社推出丛书升级版本："新电商精英系列教程"。这两套系列丛书，累计销售 100 多万册，并且两次荣获电子工业出版社最佳品牌奖。2019 年，"新电商精英系列教程"升级版问世！

实践总是超前于理论的发展，系统地学习时必须要对来自实践的知识进行梳理与总结。阿里巴巴商学院发起此轮修订工作，召集多位活跃在电商一线的资深创业者、优秀卖家及电子商务领域的专家、学者共同参与编写。本丛书立足于"帮助打造一批能适应新技术和新模式快速涌现的电商实操性人才"，吸取了旧版丛书的经验，对主流电子商务知识进行了更加细致、合理的规划设计，更符合新时期读者的知识需求。除升级原有的《网店客服》《网店美工》《网店推广》《数据化营销》《电商运营》五本书外，还新增了《内容营销：图文、短视频与直播运营》《跨境电商运营实务：跨境营销、物流与多平台实践》两本书，各书均配有 PPT 课件。

本轮修订体现了以下几个新的特点。

第一，知识体系更契合前沿，更加符合移动互联网时代及全球化电商运营的现实场景，能为电商从业人员提供更系统化的基础知识。

第二，产教融合更加突出。丛书邀请在实操层面有丰富经验的电商企业家和创业者作为写作团队，同时邀请来自教育部高等学校电子商务类专业教学指导委员会的专家、高等院校的一线教师参与到图书内容的创作与完善当中，既保证了图书内容的切实指导性和可操作性，也保证了图书内容的逻辑性和条理性。

第三，学习使用更加便利。编写团队在创作初期便充分考虑如何让升级版教材既适合市场零售读者阅读，又能够更广泛地应用到高等院校中。因此，本套丛书根据对高校学生培养的特点做了相关设计，如在大部分章节安排有练习题，每本书都配有 PPT 课件等。

《网店客服》（第 2 版）是本轮升级版教材的重要组成部分，全书共分 6 章，具体分工如下：第 1 章和第 2 章由吴强编写。其中，第 1 章的主要内容为客服概述，对客服岗位的重要性、客服岗位的职责、客服的定位和客服应该具备的基本素质进行了介绍；第 2 章的主要内容是客服岗位的知识储备，对平台规则、产品熟识度、平台工具、店铺后台工具和平台支付体系等客服应该掌握的一些基本知识和工具进行了介绍。第 3 章和第 5 章由吴军编写。其中，第 3 章的主要内容是客服售前接待，对及时问候、产品咨询、处理议价、关联销售、追单催付、核对订单和礼貌送客等常规售前工作进行了介绍；第 5 章的主要内容是客服团队管理，重点介绍了客服团队的搭建和培训，以及如何对团队的绩效进行考核等。第 4 章由杨洋编写，主要内容是售后客服，对售后服务的重要性、售后服务管理、售后服务的处理要点和如何对顾客的问题反馈等进行了阐述。第 6 章由许途量编写，主要内容是智能客服体系，在对阿里店小蜜的基本功能进行简要介绍之余，重点介绍了阿里店小蜜的配置逻辑。

本书凝聚了诸多优秀电商商家的智慧与心血，编写工作得到了教育部高等学校电子商务类专业教学指导委员会的多位领导和专家的关心和支持，部分素材、数据参考了阿里巴巴商学院等机构及相关网站信息，在此一并表示感谢！

由于电商行业发展日新月异，编写组水平也有所限，书中难免有不当之处，敬请广大读者批评指正。

目 录

第 1 章 客服概论 1

  1.1 客服岗位概述 2

    1.1.1 客服岗位的重要性 2

    1.1.2 客服岗位的职责 4

  1.2 客服的定位 5

    1.2.1 客服与运营 6

    1.2.2 客服与美工 6

    1.2.3 客服与仓库 7

    1.2.4 客服与物流 8

  1.3 客服的基本素质 9

    1.3.1 客服的工作心态 9

    1.3.2 客服的基本技能 10

  本章小结 12

  本章习题 12

第 2 章　客服岗位的知识储备 13

2.1　平台规则 14
2.1.1　交易安全 14
2.1.2　交易规则 15
2.1.3　活动规则 20

2.2　产品熟识度 21
2.2.1　产品属性 21
2.2.2　产品卖点 22
2.2.3　产品使用 22
2.2.4　产品差异 24

2.3　平台工具——千牛 25
2.3.1　电脑版千牛 25
2.3.2　手机版千牛 39

2.4　店铺后台工具 41
2.4.1　页面介绍 42
2.4.2　常用应用介绍 48

2.5　平台支付体系 59
2.5.1　自主支付 59
2.5.2　朋友代付 61
2.5.3　花呗分期 62
2.5.4　货到付款 63

本章小结 65

本章习题 65

第 3 章　客服售前接待 ... 66

3.1　及时问候：第一时间留住客户 ... 67
3.1.1　首次响应的重要性 ... 68
3.1.2　首次响应的四个要素 ... 69

3.2　产品咨询：专业知识赢得客户信任 ... 71
3.2.1　产品的基础知识 ... 72
3.2.2　产品的周边知识 ... 76
3.2.3　产品的场景营销 ... 77

3.3　处理议价：灵活处理，解决分歧 ... 78
3.3.1　两种常见的错误处理方式 ... 79
3.3.2　分析顾客议价的心理 ... 80
3.3.3　了解议价常见的场景 ... 82
3.3.4　应对议价的五个技巧 ... 84

3.4　关联销售：主动推荐，提升客单价 ... 87
3.4.1　关联销售的现状 ... 88
3.4.2　关联销售的策略 ... 90

3.5　追单催付：完成交易的临门一脚 ... 93
3.5.1　积极追单 ... 94
3.5.2　巧妙催付 ... 98

3.6　核对订单：减少售后的必要环节 ... 103
3.6.1　核对产品 ... 103
3.6.2　核对地址 ... 103
3.6.3　核对物流 ... 104

3.7　礼貌送客：为下一次的成交做准备 104

　　3.7.1　与未成交客户的告别 104

　　3.7.2　与已成交客户的告别 104

本章小结 107

本章习题 107

第4章　售后客服 109

4.1　售后服务的重要性 110

　　4.1.1　提升客户的满意度，获取优质口碑 110

　　4.1.2　提升复购率 111

　　4.1.3　降低店铺的负面影响 112

4.2　售后服务管理 112

　　4.2.1　查单、查件 112

　　4.2.2　退款、退换货 114

　　4.2.3　售后服务和投诉 124

　　4.2.4　评价管理 130

4.3　处理要点 136

　　4.3.1　标杆处理方法 137

　　4.3.2　处理禁忌 138

4.4　问题反馈 139

本章小结 139

本章习题 140

第5章 客服团队管理 ... 141

5.1 团队搭建 ... 142
5.1.1 科学匹配客服团队的人员配比 ... 142
5.1.2 安全管理店铺的子账号权限 ... 145
5.1.3 设置管理客服团队的快捷话术 ... 146

5.2 团队培训 ... 148
5.2.1 岗前培训 ... 149
5.2.2 日常培训 ... 150

5.3 团队绩效 ... 151
5.3.1 数据分析 ... 151
5.3.2 聊天质检 ... 153
5.3.3 绩效方案 ... 155

本章小结 ... 157

本章习题 ... 157

第6章 智能客服体系 ... 159

6.1 阿里店小蜜基本功能介绍 ... 161
6.1.1 阿里店小蜜的运行模式及接待逻辑 ... 161
6.1.2 阿里店小蜜的后台功能模块介绍 ... 164

6.2 阿里店小蜜配置逻辑 ... 194
6.2.1 店铺信息准备 ... 194
6.2.2 行业包选择 ... 194
6.2.3 官方问题和行业包问题答案编辑 ... 194
6.2.4 自定义问题添加 ... 195

6.2.5 欢迎语、卡片问题设置 198
6.2.6 直连人工设置 200
6.2.7 店小蜜的日常维护 201
6.2.8 店小蜜数据优化 202
本章小结 208
本章习题 209

第1章

客服概论

1.1 客服岗位概述

随着电子商务的不断发展，网络购物平台（简称"平台"）的竞争日趋激烈，产品的同质化以及低价竞争愈演愈烈。如今的网购市场已经逐渐发展成由买方主导。提供优质产品是每个商家的基本义务，但是客户并不只满足于为产品本身买单，他们需要更加完美的购物体验。客户通常会经过搜索—点击—浏览—询单等几个步骤，最终凭自己对产品和店铺的感受决定是否下单购买。也就是说，客户的购物体验是决定其购买行为的重要因素。在整个网络交易过程中，客服直接通过平台交流软件为客户提供服务、解决问题，成为决定客户购物体验的重要角色之一。

本节将从客服岗位的重要性、客服岗位的职责两个方面对网店的客服岗位进行简单的描述。

1.1.1 客服岗位的重要性

1. 提高店铺的销售额

现在，很多客户在网购时都会在下单之前对自己在产品和服务上的一些疑问向商家询问。客服可以及时地解决客户的疑问，让客户了解到自己需要的内容，达到成交的目的。在客户比较多个店铺的货物或者没有立即下单支付的时候，客服也可以及时跟进，解答客户的疑问，促成转化，提高店铺的销售额。同样，客服在与客户沟通的过程中可以向客户推荐店内不同的优惠套餐或者其他的搭配产品，从而提高客单价。

2. 提高客户的购物体验

客服作为一个直接影响客户购物体验的岗位，对店铺的形象塑造具有很重要的意义。好的客服可以提高客户的购物体验，在与客户交流的过程中，客服通过耐心地询问、认真地倾听，主动为客户提供帮助，让客户享受良好的购物体验。

3．提高客户对店铺的忠诚度

由于现在的网络平台上产品繁杂，入口多样，客户的浏览成本越来越高，所以，客户在选择一家店铺以后，假如对产品满意、感觉服务贴心，就很少会选择到其他店铺购买。因为更换到其他店铺会增加新的购物风险和时间成本。所以，良好的客户服务能有效地提高客户对店铺的认可，以至于提高客户对店铺的忠诚度。

4．改善店铺的服务数据

目前，淘宝平台会对店铺的服务质量有一系列的评分，店铺评分如果不符合标准，就会影响产品的竞争力，以及店铺参加活动的资质。所以，商家会尽量保证自己店铺的服务类评分达到或者超过同行业的均值。客服在售前和售后都会和客户亲密接触，因此客服的服务质量就会直接影响店铺服务类数据的分值。

淘宝的电脑端和手机端的店铺首页会显示店铺的综合评分（如图1-1和图1-2所示），客户可以通过综合评分判断店铺经营的状况，以及各种服务指标。平台也会在后台数据中考核店铺的综合评分以判断店铺是否被广大客户喜欢、是否值得把店铺推荐给平台的客户。

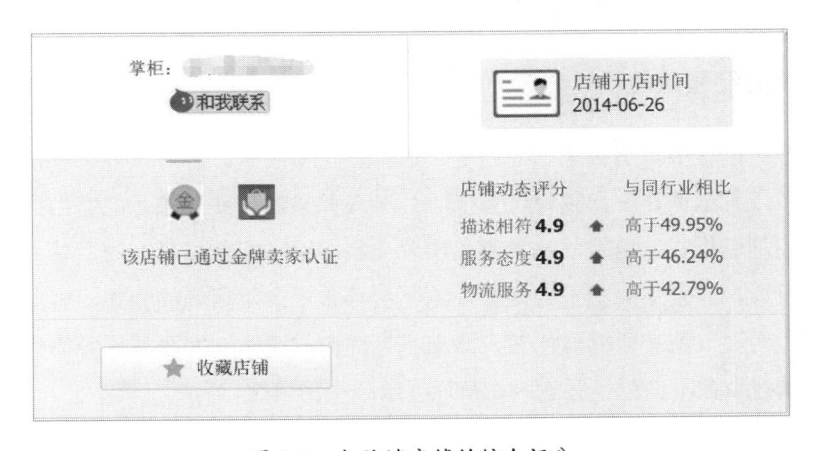

图1-1　电脑端店铺的综合评分

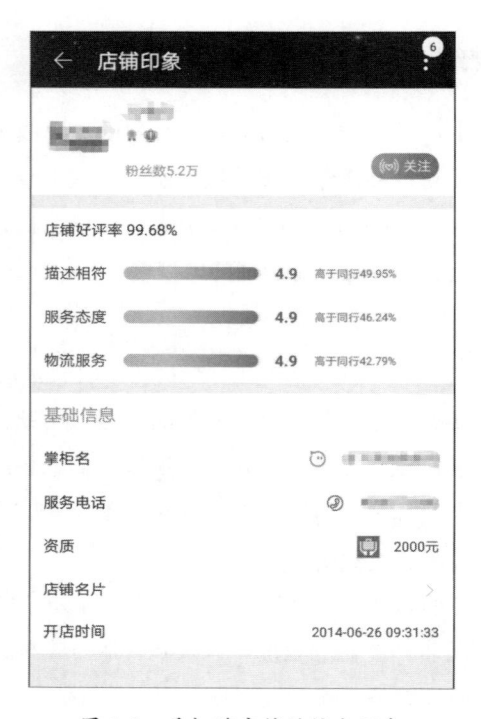

图1-2　手机端店铺的综合评分

5. 降低店铺的经营风险

商家在开店过程中难免会遇到退换货、退款、交易纠纷、客户投诉、客户给出不良评价、平台处罚，甚至欺诈、诈骗等经营风险。客服如果对产品熟悉，能够做到精准推荐，就会有效地控制退换货、退款，尽量避免出现交易纠纷；客服如果对规则熟悉，能够很好地应对客户投诉，并且不触犯平台规则，就不会导致平台对店铺的处罚。客服如果积极、良好地与客户沟通，就有可能降低客户给出不良评价的概率；客服如果警惕性高，就可以避免发生店铺被少数不良分子恶意敲诈从而导致损失的情况。

1.1.2　客服岗位的职责

客服岗位的职责由客服岗位的工作内容和客服岗位的责任范围两个部分组成，这两个部分分别阐述了客服岗位应该做哪些工作和客服对店铺与客户应该承担哪些责任。

1．客服岗位的工作内容

客服岗位的工作内容可以分为工作任务和辅助性工作两个部分。

工作任务指客服岗位的主要工作事宜，包括以下几点。

（1）销售产品：客服根据自身对店铺情况和产品知识的了解，结合客户的需求，运用恰当的销售技巧，把店铺产品及推荐套餐成功地卖给客户。

（2）解决客户下单前后的问题：客服通过千牛等聊天工具与客户线上沟通，或者通过打电话等形式与客户交流，从专业的角度，为客户解决产品问题（属性、尺寸、使用效果等）、物流问题（用什么快递、运费如何、是否可以送货到家等）、支付问题（是否支持花呗和信用卡、是否可以货到付款、如何使用花呗分期、怎样享受优惠等）、售后问题（退换货、运费承担、订单纠纷等），以及在交易过程中客户遇到的各个方面的问题。

（3）后台操作：包括交易管理、评价管理、退款管理以及举报投诉等客服相关事宜的备注及操作。淘宝后台即客服中心，客服可以在这里进行相关操作。

（4）客户信息的收集：对客户的一些特征信息进行收集整理，为店铺的老客户维护和老客户营销提供可靠的客户信息依据，帮助店铺在做上新和推广时，更准确地判断优质人群标签的范围。

（5）店铺问题的收集与反馈：对客户提出的有关产品和店铺服务等方面的意见、建议进行收集整理，并反馈给相关岗位。

为了更好地完成工作任务，客服还需要做一些相关的辅助性工作，包括但不限于学习产品知识、完成每日工作日报、参加相关培训、分析接待流失、研究竞店接待情况等。

2．客服岗位的责任范围

客服岗位是关乎客户购物体验和店铺销售额的重要岗位，客服要对客户是否购买到适合自己的产品负责，要对客户是否有良好的购物体验负责，需要协助其他岗位完成店铺的销售和服务工作，更要对客户是否能顺利地完成交易负责。

1.2 客服的定位

客服是店铺中唯一一个直接与客户交互的岗位，其代表了整个店铺对外的形象，但是客户的购买行为和购物体验并不完全取决于客服岗位，其他岗位的工作也会对客户的购物体验产生影响。这就需要整个店铺各个岗位的人员协同合作，共同为客户提供良好的购物体验，提高店铺的销售额。

本节将从运营、美工、仓库、物流四个方面讲述客服与这些岗位的关系。

1.2.1　客服与运营

1．客户建议反馈

客服岗位除了具有销售和服务职责以外，还要为全店运营服务。客服是全店唯一能与客户直接交流的岗位，店铺中对客户信息的收集、问题的反馈、建议的整理等都是由客服岗位来完成的，这些信息都为全店运营提供了重要依据，因此客服和运营经常有信息的交流与反馈，这样也更有利于运营对店铺的整体运营方案做出调整。

2．活动对接

当店铺有活动的时候，运营需要向客服交代清楚活动方案，设置好自动回复和快捷用语，避免在客户询问活动内容的时候客服无法为其提供帮助。

3．优惠申请及售后反馈

在日常接待客户的时候，有些客户会一直以不同的理由希望客服给其一些优惠，或在处理售后问题的时候，客户会要求客服提供一些补偿。客服可以根据店铺内部实际的可行性方案与运营沟通，寻求解决方案。

1.2.2　客服与美工

1．产品色差反馈

对于色差问题，客服通常会向客户解释由于拍照光线和显示器的参数设置不同，很难保证实物与图片完全没有色差。但是当店内的某件产品多次被多位客户提出实物与图片的色差严重时，客服就应该向美工反馈，检查在拍照或者修图时是否造成了比较严重的色差问题，是否可以调整。如果不能调整，客服就要注意在推荐产品时如何向客户描述产品的颜色问题。

2．信息描述错误反馈

客服在接待客户的时候，通常会有客户对页面上的描述内容提出质疑。例如，有些细心的客户会注意到页面的文字描述错误，还有些客户会根据广告法的内容提出产品实际效果与描述内容不符，部分内容涉嫌夸大、虚假描述。客服如果在与客户交流的时候发现类似问题，就应该及时向美工反馈产品信息描述的问题。

1.2.3 客服与仓库

1．特殊订单沟通

店铺中所出售的产品将由仓储人员进行打包、发货，有时客户对包裹订单有特殊要求，这时客服要及时与仓储人员沟通，通常也会采取订单备注的方式。客服在做订单备注时，要把需要仓储人员注意的信息放在备注靠前的位置。

2．发货情况核实

客户在下单之后，通常会在短期内查看物流信息的更新情况。客户一般在发现订单没有发货时会咨询客服没有发货的原因，并且要求赶紧发货。客服需要及时与仓储人员沟通，核实订单的发货情况，确认是什么原因（如缺货、漏发、订单号有误、物流方面遗漏包裹、发货站点没有及时更新物流信息等），以便自己及时组织准确的话术安抚客户。

3．货物漏发核实

有些客户在下单的时候会根据自己的选择和客服的推荐选择多件产品拍下。很多时候小件的产品可以用一个包裹发出，而大件的产品可能需要用多个包裹分别发出。当客户向客服提出漏发货物咨询时，客服应该及时查看后台并且与仓储人员核实是否把包裹分开寄出。如果是用一个包裹寄出的，那么是不是有货物没有打包在一起。

4．货物错发核实

客户在下单的时候可能会选错产品颜色，有些客户也会把收件地址填错。通常在核对订单的时候客户会发现问题并告知客服订单信息错误需要修改。客服要备注订单的特殊情况，反馈给仓储人员。仓储人员在发货的时候可能会根据订单的实际情况打包，导致客户收到的宝贝与实际要求不符。这个时候客户向客服反馈货物错发的情况，客服应该及时与仓储人员核对快递单上的备注信息是否存在，了解是否由于仓储方面失误导致货物发错，并清点库存和核实发货记录。

5．退货到仓核实

店铺的退换货流程一般是先收到退回货物，再给客户安排退款或者更换货物。所以，当客户咨询客服退货时，客服需要先与仓储人员核对货物是否已经收到，然后才能帮客户处理问题。

6．订单货物补发

当客户的订单出现漏发、错发、换货、丢件等情况的时候，客服要根据客户的需求，与仓储人员沟通补发货物的细节，并且拿到新的物流单号，反馈给客户。

1.2.4 客服与物流

1．查询运输情况

有的时候客户在后台查看物流信息时会发现信息一直未更新，当客户咨询情况的时候，客服要及时通过相关物流平台查询物流信息，与物流公司的相关联系人核查该物流单号货物的运输情况，了解实情，并组织好话术安抚客户。

2. 查询配送情况

物流公司在配送包裹时经常会出现一些问题。例如，不能送货上门，乡村站点较远需要自取，没有送到客户的家里。这个时候客服得到了反馈，应该及时与物流公司的联系人及快递员联系，核实情况，与物流公司协商解决方案，并把解决方案提供给客户。

3. 查询丢件情况

当客户反映货物一直没有收到时，客服需要查看物流信息并联系物流公司，核实是否出现配送失败导致货物被拒收滞留，是否在运输途中出现货物停留和丢件的情况。如果出现丢件的情况，那么客服应该先与仓储人员沟通，安排货物优先补发，再与物流公司协商丢件赔偿问题。

4. 查询拒收情况

在物流公司配送货物的时候，客户可能因为各种原因拒绝签收。客服应该及时与物流公司核实拒收原因，并与客户和物流公司一起协商解决方案。如果无法解决问题，客服需要通知物流公司退回货物。

1.3 客服的基本素质

前面我们了解了客服岗位概述和客服岗位的定位。为了能够胜任客服工作，完成销售任务，协助店铺运营，客服还需要具备以下几项基本素质。

1.3.1 客服的工作心态

客服每天都会在一线直接面对客户，在接待客户的过程中时常会遇到不同的问题、不同的人。从心理上说，客服每天的压力是很大的，这就需要他们具备以下几种良好的心理素质和心态，能够迅速地融入团队以及工作中，能够适当地发挥主观能动性，当出现问题时能够做出正确的判断，从积极、正面的角度处理问题。

1．服务意识

客服在与客户交流的时候，应该提供热情、细心、耐心的服务。客服要有主动服务的欲望和意识，积极地帮助客户解决问题，给客户良好的购物体验。

2．责任心

客服在工作中需要具备高度的责任感，对客户提出的问题和要求要负责到底，直至给客户一个确切的结果，对岗位工作要本着负责任的态度认真完成。

3．上进心

客服要具有很强的上进心，要通过学习不断地提高自己的业务技能，为客户提供更优质的服务，为团队和店铺创造更高的价值。

4．团队意识

团队协作精神对于客服来说也是非常重要的。客服不但需要与客服岗位的其他同事合作，同时也需要和店铺内其他岗位的同事合作，共同发现问题、解决问题，为店铺的健康发展共同努力。

5．分享精神

一个优秀的团队不仅需要一个有良好领导能力的人作为核心，而且需要团队里的每一位成员都有自学能力、分享精神，学会弥补不足，把优秀的方面展现出来，分享经验，客服团队也如此。如果客服都愿意分享自己的经验，那么团队的人都会变得更强，能更快速、有效地解决问题。

1.3.2 客服的基本技能

客服作为线上销售和服务岗位，要使用线上沟通工具，通过打字聊天的方式帮助客户解决线上购物的各种问题。因此，首先，客服要做到熟悉网购，只有对网购有足够的认知，才能在交易中从客户的角度出发、从网购的特点出发，帮助客户解决问题，为客户选择适当的产品；其次，客服需要具备一定的打字速度，在一般情况下初级客服需要每分钟输入80个汉字左右，更高级别的客服需要每分钟输入120个汉字左右，这样才能在接待客户的过程中快速回答客户提出的问题，缩短客户的等待时间。

客服在调整好自己的心态，面对客户的时候，如果只会快速打字聊天，那么是远远不够的。当人与人面对面交流的时候，人们可以从语气、表情、动作上了解对方在说出这句话时的真实想法。客服在大多数情况下是与客户线上沟通的，是与一个见不到面的人交流的。这就使得在交流的过程中会出现很多麻烦，大大降低了客服处理问题的效率。客服还需要什么能力才能在接待客户的时候让效率变得更高呢？

1．沟通能力

由于线上交流的特殊性，线上客服要更加注意在交流中客户的表现、客户在字里行间传达的信息，通过提问等方式探求客户的需求，以便更好地解决客户的问题，做到成功销售。当客户遇到售后问题时，客服更要谨慎处理，多倾听、少解释、多给解决方案，与客户在处理意见上迅速达成一致，让买卖双方的利益都得以保全。

2．抗压能力

客服作为一个与客户直接接触、帮助客户解决问题、销售产品的人员，团队给的业绩压力和沟通压力是一定会有的。客户进入店铺购买产品分为默认下单和咨询客服下单两种。所以对于店铺运营，客服的接待转化率是影响店铺数据和销售额的重要维度。一个店铺对客服转化率、销售额应当有一定的考核要求，这样店铺才能良好的运营。而客服则要承担自己业绩的压力，不断突破自己。

在接待客户的时候，客服可能会遇到客户找麻烦，希望店铺满足他们不合理的要求，并且用一些不友好的言语与做法威胁客服和店铺。尤其是售后客服，在处理售后问题的过程中，最容易遇见情绪不稳定的客户，导致自己的心理压力很大，所以客服自己一定要有良好的抗压能力，积极地面对眼前的困难。

3. 应变能力

有些客户在咨询客服的时候，会对页面描述和实际收到的货物有很多疑问。客服在遇到这些问题的时候要灵活地运用自己对店铺产品和行业的相关知识随机应变，可以用一些能简单明了说明情况的例子解决客户的问题，让客户更容易明白，避免把问题处理得更复杂，甚至无法解决问题。例如，一个客户在收到一件产品后自己用量尺测量产品边缘的厚度，发现实际的厚度与页面描述不符。客服在这时如果一直强调产品的实际厚度就是这样的，可能就会引起客户的反感，甚至出现售后问题。客服如果可以提前准备一个真实厚度的正确测量方式，比如录一个测量视频，并且告诉客户在刚收到货物时会因某种原因导致货物在短期内暂时无法恢复到实际厚度，这样肯定是能先稳定住客户的情绪的。

本章小结

本章对客服在上岗前应该了解的岗位重要性、岗位职责和定位做了详细的阐述。对于一些即将到岗的客服来说，只有知道自己的重要性，才会更认真地对待每一件事情，尊重每一位同事。在了解了自己要做什么之后，在上岗时客服还要具备良好的工作心态，并提升基本技能。客服在工作中发现问题时应该及时停下脚步，反省自己，做出改变。只有敢于面对自己的不足，愿意改变，才会变得更强、更优秀。

本章习题

1. 简述客服岗位的重要性。
2. 简述客服岗位的主要工作内容。
3. 简述客服岗位的责任范围。
4. 客服在工作中主要与哪些岗位有密切的关系？
5. 客服在工作中应该保持什么样的工作心态？
6. 客服在工作中应该拥有哪些基本技能？
7. 客服在工作中的打字速度需要达到什么要求？

第 2 章 客服岗位的知识储备

2.1 平台规则

网店客服只具备前面所说的良好心态和基本的工作技能是远远不能满足工作需求的。一名合格的网店客服还需要具有丰富的知识储备和熟练的操作技能。

2.1.1 交易安全

1. 网络安全

客服在日常工作中要特别注意网络安全问题，小心木马文件和钓鱼网站，不要随意接收陌生人发送的文件，不要扫描可疑的二维码，以免使电脑中木马病毒。淘宝链接在阿里旺旺中打开时不会要求再次输入登录名和密码，如果打开对方发送的链接后需要输入登录名和密码，那么该链接可能不是淘宝的安全链接，需要谨慎处理，域名判断要以 taobao.com 为准。

有一些不怀好意的人会故意注册一些"双胞胎 ID"，诱使客服违反泄露他人信息的规则。例如，对于宋体字来说，小写英文字母 l 与阿拉伯数字 1 就比较难区分，大写英文字母 O 与阿拉伯数字 0 也很难区分，因此客服在与客户核对交易信息时，必须要看到千牛右侧订单处有交易显示，或者到客服中心的"已卖出的宝贝"中通过复制联系人 ID 进行订单搜索，只有能搜索到订单才可以进行客户信息的核对。

2. 订单安全

客服在接待客户的过程中，可能会遇到一些客户利用差评威胁、违反广告法敲诈和收件信息有误等涉及订单风险的情况，应该时刻保持警惕。当客户在沟通的过程中明确了意为了确保评价体系的公正性后，客服应该及时向上级汇报情况，并且先随机应变，稳定客户的情绪，等待解决方案确定后再帮助客户处理问题，以避开订单风险。同时，客服也可以利用云标签对危险订单进行标记，以确保店铺利益不受恶意侵害。

2.1.2 交易规则

店铺在运营的过程中,首先要遵守国家的法律和法规,其次要遵守平台规则。平台规则起到规范平台用户行为、维护买卖双方利益的作用。例如,淘宝规则明确指出"为促进开放、透明、分享、责任的新商业文明,保障淘宝用户合法权益,维护淘宝正常经营秩序,根据《大淘宝宣言》及《淘宝平台服务协议》《天猫服务协议》制定本规则"。遵守平台规则是商家的基本义务。

客服在日常工作中经常用到的与规则相关的网址如下。

(1)淘宝网规则中心。网址为 https://rule.taobao.com/index.htm,首页如图 2-1 所示。

(2)天猫规则中心。网址为 https://guize.tmall.com/,首页如图 2-2 所示。

(3)支付宝服务大厅。网址为 https://cshall.alipay.com/hall/index.htm,首页如图 2-3 所示。

图 2-1 淘宝网规则中心首页

图 2-2　天猫规则中心首页

图 2-3　支付宝服务大厅首页

下面以淘宝网规则为例，客服需要学习以下规则，并严格遵守。

1．产品如实描述

产品如实描述并对所售产品的质量承担保证责任是卖家的基本义务。产品如实描述是指卖家在产品描述页面、店铺页面、阿里旺旺等所有淘宝网提供的渠道中，应当对产品的基本属性、成色、瑕疵等必须说明的信息进行真实和完整地描述。卖家应该保证其出售的产品在合理期限内可以正常使用，包括产品不存在危及人身、财产安全的不合理危险，具备产品所应当具有的使用性能，符合在产品或其包装上注明采用的标准等。

针对这条规则，我们要提醒客服在阿里旺旺上与客户沟通时，一定要准确地描述产品的基本属性、成色、瑕疵等信息。例如，客服在向客户描述羽绒服产品时，不能用"棉袄""棉服"等词语代替，以免客户误解，这样可能导致客户在收到货以后投诉卖家违背了产品如实描述的规则。

2．评价规则

为了确保评价体系的公正性、客观性和真实性，淘宝将基于有限的技术手段，遵循《淘宝网评价规范》的规定，对违规交易评价、恶意评价、不当评价、异常评价等破坏淘宝信用评价体系和侵犯消费者知情权的行为予以坚决打击，包括但不限于屏蔽评论内容、评价不记分、限制违规/异常交易的评价工具使用、限制买家行为等措施。

对于这条规则，客服在对顾客进行评价以及评价解释时要实事求是，不得使用污言秽语，也不能泄露顾客的隐私。

3．泄露他人信息

泄露他人信息是指未经允许发布、传递他人隐私信息，涉嫌侵犯他人隐私权的行为。对于泄露他人信息的，淘宝对会员所泄露的他人隐私信息进行删除；对于情节一般的，每次扣 B 类（严重违规行为）2 分；对于情节严重的，每次扣 B 类（严重违规行为）6 分；对于情节特别严重的，每次扣 B 类（严重违规行为）48 分，同时根据情节严重程度可采取公示警告等措施。

对于这条规则，客服不要有意或者无意地泄露顾客的私人信息和订单信息。例如，在成交以后与顾客核对收货人的姓名和地址信息时，只能与拍下商品的旺旺号（即淘宝 ID、登录名）顾客核对。

4．违背承诺

违背承诺是指卖家未按照约定向买家提供承诺的服务，妨害买家权益的行为。卖家如果违背发货时间、交易价格、运送方式等承诺，那么必须向买家支付违约金。买家在发起投诉后，卖家在淘宝网判定投诉成立前主动支付违约金达第三次及三次的倍数时扣 A 类（一般违规行为）3 分；卖家如果未在淘宝网判定投诉成立前主动支付违约金，那么除了必须支付违约金，每次扣 A 类（一般违规行为）3 分。卖家如果违背交易方式、服务承诺，那么每次扣 A 类（一般违规行为）4 分；卖家如果违背特殊承诺，那么每次扣 A 类（一般违规行为）6 分。

对于这条规则，客服在与顾客用阿里旺旺沟通时，不要轻易承诺，如果主动向顾客提出某种服务承诺，就必须严格履行。例如，客服与顾客协商当天发货，如果未能履行，顾客就可以以违背承诺为理由进行投诉。

5．恶意骚扰

恶意骚扰是指会员采取恶劣手段骚扰他人、妨害他人合法权益的行为。对于情节一般的，对会员屏蔽店铺 7 天；对于情节严重的，每次扣 A 类（一般违规行为）12 分；对于情节特别严重的，每次扣 B 类（严重违规行为）48 分。恶意骚扰包括但不限于通过电话、短信、阿里旺旺、邮件等方式频繁联系他人，影响他人正常生活的行为。

6．七天无理由退货规范

客户在签收产品之日起七天内，对支持七天无理由退货并符合完好标准的产品，可发起七天无理由退货申请。选择无理由退货的客户应当自收到产品之日起七天内向淘宝网发出退货通知。自物流显示签收产品的次日零时开始计算，满 168 小时为七天。客户应当确保退回的产品和相关配（附）件（如吊牌、说明书、三包卡等）齐全，并保持原有品质、功能，无受损、受污、刮开防伪、产生激活（授权）等情形，无难以恢复原状的外观类使用痕迹。

客户在进行七天无理由退货时，若产品由卖家包邮，则客户仅承担退回邮费；若产品未包邮或产品是卖家附条件包邮的，客户部分退货致使无法满足包邮条件的，则由客户承担所有邮费。双方另有约定的，从其约定。客户若存在滥用会员权利行为，则所有运费均由客户承担。赠品遗失或破损、发票遗失不影响产品退货；赠品破损或遗失作折价处理，发票遗失由客户承担相应税款。

针对这条规则，客服在处理售后的时候，应该了解清楚店铺内的宝贝是否提供了七天无理由退货的服务、售前客服与客户是否有过约定。如果退货产品满足七天无理由退货的要求，那么客服应当了解规范，及时查询订单是否在七天期限内，同时要求客户退货的产品完好，退货运费由客户承担。如另有约定，从其约定。

另外，还有一些规则需要客服注意，包括支持支付宝担保交易、支持信用卡付款及信用卡分期付款、支持花呗分期付款、信用卡退款等规则。这些规则都可以在淘宝网规则中心、天猫规则中心以及支付宝服务中心查询到。

规则中心和服务中心都具有搜索功能，即在输入问题后，根据问题的关键词可以显示相关的答案。这个功能对客服和商家都是很有用的。如图 2-4 所示，在规则中心首页的搜索栏中输入"违规"，就可以搜索到所有和违规相关的规则内容，如图 2-5 所示。

遵守规则对于店铺的日常运营是非常重要的，店铺一旦违规就会被扣分、处罚，在一定时间期限内被限制发布产品、限制交易、限制参加平台营销活动，更严重的会被查封。因此，客服在上岗前一定要对规则进行学习，在必要时可以把规则制作成文档，以便在工作中随时查询。

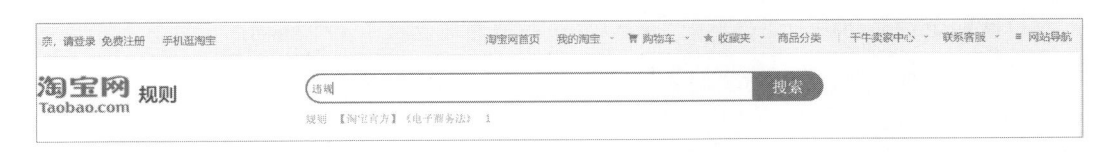

图 2-4 搜索"违规"

图 2-5 "违规"搜索结果

2.1.3 活动规则

店铺会经常参加一些官方活动或者自建活动，以促销的方式达到提高店铺销售额的目的，所以客服应该提前从店长、运营那里或者直接进平台规则中心了解活动规则，以免无法及时解决客户遇到的疑问。官方活动通常分为免费活动和付费活动（营销活动）。

每次的免费活动规则都会不同，所以客服在被通知提报了某个活动后可以进入相关活动页面查看规则。淘宝网的免费官方活动通常汇总在"淘营销"，天猫的免费官方活动通常汇总在"商家中心"→"营销中心"→"官方活动报名"中。

营销活动通常以聚划算、淘抢购和天天特卖为主，而活动招商规则都统一汇总在"商家中心"→"营销中心"→"营销活动中心"→"规则中心"→"规则门户"中。

淘营销的网址为 https://yingxiao.taobao.com/。

营销活动中心的规则中心的网址为 https://rulesale.taobao.com/。

2.2 产品熟识度

客服在解决客户问题的时候,需要建立在了解产品的基础上才能更准确地提供答案并推荐合适的产品给客户,因此客服在学习了平台的各种规则后还要对产品本身有更深层次的了解。接下来我们从产品属性、产品卖点、产品使用以及产品差异四点来提高对产品知识的掌握。

2.2.1 产品属性

产品的基本属性包括但不限于产品的品牌、规格、款式、风格、成分含量、配件和标品参数等,这些也是客服需要掌握的,尤其对于非标类的产品(如服装、鞋帽、化妆品、食品等),客户会咨询款式、尺寸、成分含量等问题,确认产品是否适合自己使用。

图 2-6 所示为客户向客服咨询关于服装面料和成分含量,如果客服能很准确地说出来,客户就会觉得客服具有一定的专业性,值得信任。

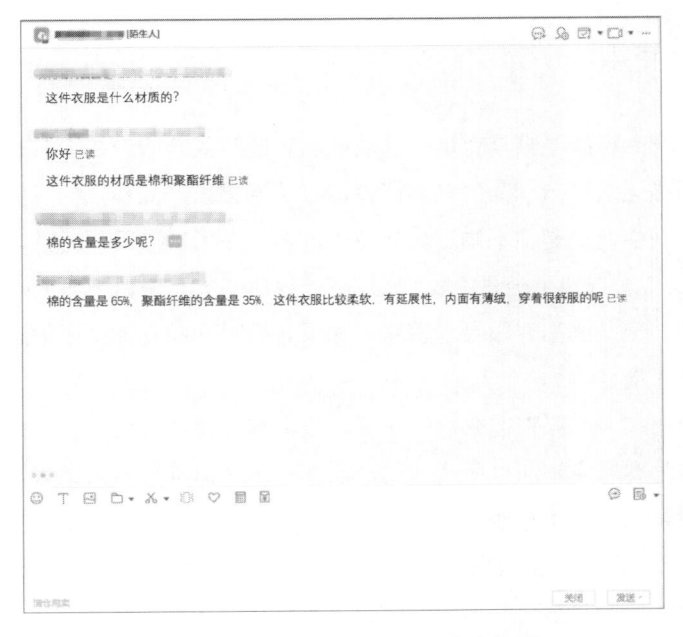

图 2-6 客户咨询服装面料和成分含量

客服可以把产品属性的内容整合成文档，随时使用，或者编辑快捷语，以便在咨询客户多的时候，可以提高接待效率。

2.2.2 产品卖点

由于网购的特殊性，客户在网上购买产品时不能接触到产品本身，只能通过浏览页面和与客服在旺旺上沟通来获取产品的相关信息。即使图片和视频可以很好地描述产品，但是很多时候页面描述也是有局限性的，比如文字描述过多会影响客户在浏览时的心情。所以页面一般只对产品的卖点做概述性的描述，客服应该清楚产品卖点的细节，编辑快捷语，以便及时解决客户在准备接触并信任产品时遇到的诸多问题。

产品卖点通常都会围绕价格、款式、物流、服务、使用功能以及体验效果等。客服需要对其卖点细节都了解到位。客户在问到其他店铺的产品与当前产品有什么区别的时候，客服需要组织好高效的话术，并且很自信地描述出我们的产品优点。不用刻意地诋毁同行产品，也能让客户认可产品。

2.2.3 产品使用

现如今很多产品已经不只具有单一的功能。有的时候有些产品会具有很多功能，所以通常也会在页面描述上展示产品的多功能性，以达到突出产品卖点的目的。有的时候客户虽然清楚产品的功能，但是却不知道如何使用。客服在了解产品的时候，应该对产品的各种功能熟悉。例如，客户买了一只手表，通过查看说明书没有明白页面上描述的全自动LED灯是怎么打开的，于是咨询客服寻求答案。如果客服对产品功能都了解透彻，就可以快速地帮助客户解决困难。

对于产品的安装，客服也需要熟练掌握。很多客户会在收到产品后因为不会组装而上线咨询客服，这时客服应该通过所掌握的产品知识迅速而准确地帮助客户解决问题，消除客户对产品的质疑。尤其是有些产品安装不当会影响产品的使用效果，甚至会造成产品损坏，客服在销售产品时一定要提前说明，以保证客户在收到产品后能够正确使用。如图2-7所示，客服帮助客户解决了产品的使用问题，可以打消客户对产品的疑虑，完善客户的购物体验。

图 2-7　咨询产品使用

　　对于产品的保养和维护方法，客服应该在客户购买产品时向客户做出一定的阐述与说明，以确保客户在日后对产品进行合理的保养和维护，延长产品的使用寿命。在宝贝详情页面一般都会有一些关于产品维护和保养的提示内容，客服要熟知这些内容并且在交易的过程中能主动给客户提示。

　　当客户咨询产品使用、安装、维护等问题的时候，除了简单的文字解答之外，客服也可以直接提供文档、图片、视频等文件给客户查看，这样不仅能直观、有效地解决问题，也能提高客服本身的接待效率。

2.2.4 产品差异

  首先，在学习产品知识的时候，客服应该同时接触其他有差异的产品，包括同行的竞品。客服在学习产品知识的时候可以看到不同点，对于产品知识的印象也会更深刻。其次，客服在掌握店内其他差异的产品时可以互相搭配，进行关联营销。这样，在销售产品时，客服可以迅速地想到可以关联的其他产品，尝试进行关联推荐，提高客户的客单价。在这里提醒读者注意的是，在搭配关联产品时一定要找到产品关联的理由。客服在向客户推荐时说出关联的理由，客户就更容易相信这种产品的搭配是具有作用和效果的，更容易接受客服的推荐。

  同样，竞品对比差异主要在产品价格、产品基本属性方面，可能在自己的店铺中，也可能在竞争对手的店铺中，客户在挑选产品时通常会在类似的产品之间犹豫，于是会向客服咨询竞品之间到底有什么区别这类问题，这时客服就可以直接运用已经总结、归类好的竞品区别来回答客户的问题。如图 2-8 所示，客服可以提前制作竞品分析表，掌握店内产品与其他店铺产品各个维度的差别，这样在与客户讨论产品时就能够更有效地进行介绍。

对比商品	价格	外观	参数	质量	优劣总结
自有产品					
品牌A					
品牌B					
品牌C					

图 2-8　竞品分析表

  我们可以把产品知识总结成产品资料表，把相关内容都填写清楚以便在日常销售时使用。例如，图 2-9 所示的表格就是一张产品资料表，这张表格中除了产品信息之外，还添加了一些产品图片，这是为了帮助客服在没有产品时可以观察产品外观。

产品主图	细节图 1	细节图 2	细节图 3
产品基础知识	规格	材质	性状	配件
产品功能				
产品保养				
产品卖点				
关联产品				
竞品对比				

图 2-9　产品资料表

2.3　平台工具——千牛

千牛是客服使用的最重要的工具。千牛不仅具有聊天、接单功能，而且具有强大的插件功能。客服可以使用千牛进行交易管理、产品管理、评价管理、物流管理等操作。

淘宝网要求网店的客服必须通过千牛与客户交流，因为千牛的功能多，便于使用，而且最重要的是千牛的聊天记录是淘宝网在处理买卖双方纠纷时官方认可的申诉证据之一。

千牛有电脑版和手机版两个版本，功能基本一致，只是页面和使用场景有些区别，接下来将一一介绍。

2.3.1　电脑版千牛

电脑版千牛是安装在台式电脑或者笔记本电脑上的，功能很强大，可以完成大多数店铺管理、产品管理、订单处理以及与客户交流的工作。

1．下载与安装

在淘宝网首页的右上角点击"网站导航"选项，再点击"旺信"链接进入下载页面（见图 2-10），选择"我是卖家"链接（见图 2-11），或者直接打开 http://cts.alibaba.com/product/qianniu.htm，再选择"下载千牛"链接或者"下载使用"链接（见图 2-12），然后选择"电脑客户端下载"链接，最后根据自己电脑的操作系统选择 Windows 版或 Mac Beta 版（见图 2-13），接下来按照页面提示进行安装就可以了。在安装好后运行千牛，用淘宝网用户名登录，就可以进入电脑版千牛了。

图 2-10 淘宝网首页的"旺信"链接

图 2-11 选择"我是卖家"链接

图 2-12　选择"下载千牛"或者"下载使用"链接

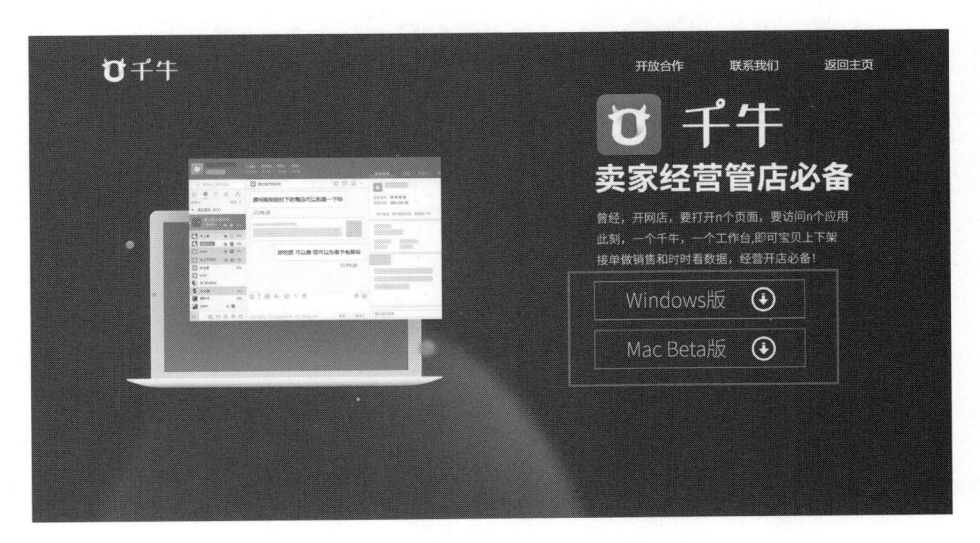

图 2-13　选择电脑操作系统的适用版本

2．功能介绍

目前，电脑版千牛（注：本书演示所用版本为 7.01）客服工作台的首页主要有导航栏、后台快捷栏和板块栏。

导航栏（如图 2-14 所示）主要包括系统设置、搜索框、更换皮肤、营销中心、宝贝管理、社区、店铺管理、货源中心、客户运营、资金管理、物流管理、其他、自运营中心等。

后台快捷栏主要包含客服中心的按钮，以便商家高效的工作。

板块栏有待办事项、我的应用、千牛头条、店铺数据（生意参谋）、用户运营、服务市场和体检中心，以便商家快速查看店铺的运营状况。

图 2-14　千牛的导航栏

我们接下来重点讲一下导航栏的几个功能。

导航栏右上角的第三个按钮是千牛的系统设置按钮。点击此按钮可以进行系统设置，系统设置包括基础设置和接待设置（见图2-15）。

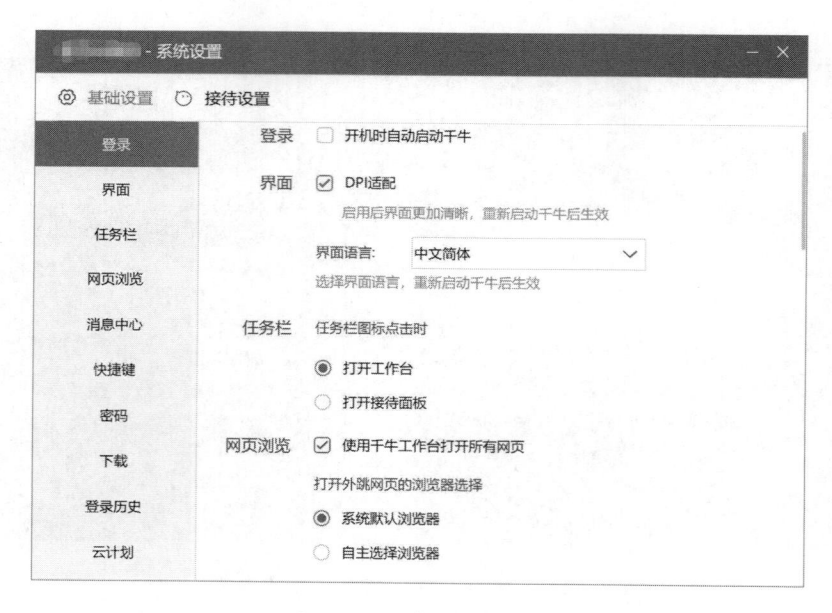

图 2-15　千牛的系统设置

图 2-16 所示为基础设置中的快捷键设置，通过设置常用功能的快捷键，尤其是接待中心的快捷键，能加快调出常用功能的速度，提高工作效率。

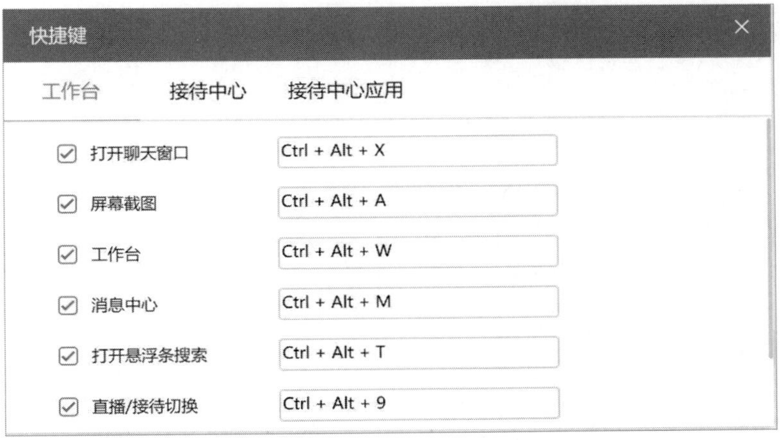

图 2-16　快捷键设置

图 2-17 和图 2-18 所示为接待设置中的自动回复设置，可以添加自动回复，并设置使用自动回复的场景，利用此功能可以缩短客服的首次响应时长，第一时间通知客户需要注意的事项等。

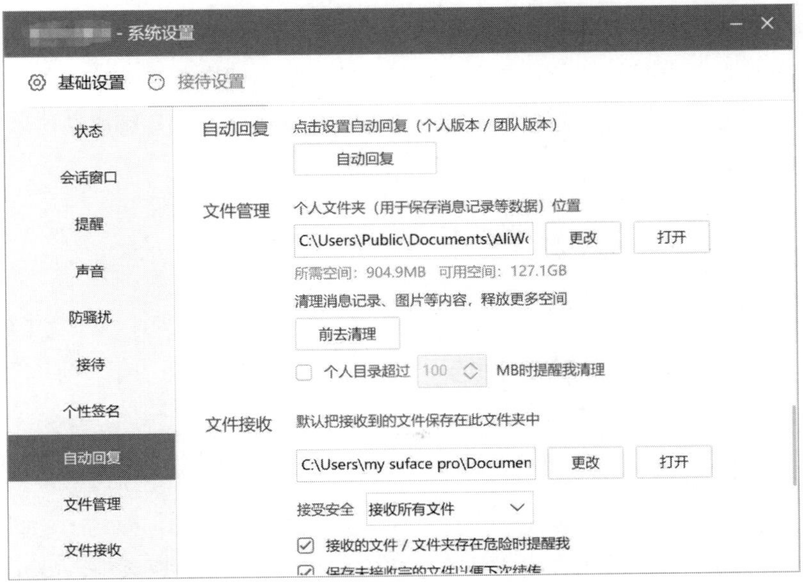

图 2-17　自动回复设置（1）

图 2-18　自动回复设置（2）

在导航栏中除了系统设置较重要之外，最重要的是接待中心的入口。在千牛导航栏的右上方点击阿里旺旺的按钮（见图 2-19），会弹出接待中心的窗口。客服在这里主要完成与客户交流的工作。

图 2-19　阿里旺旺的按钮

如图 2-20 所示，接待中心左上方的一行按钮从左至右分别为联系中、最近联系、我的好友、我的群、我的团队，这些按钮比较方便客服有针对性地找到联系人。

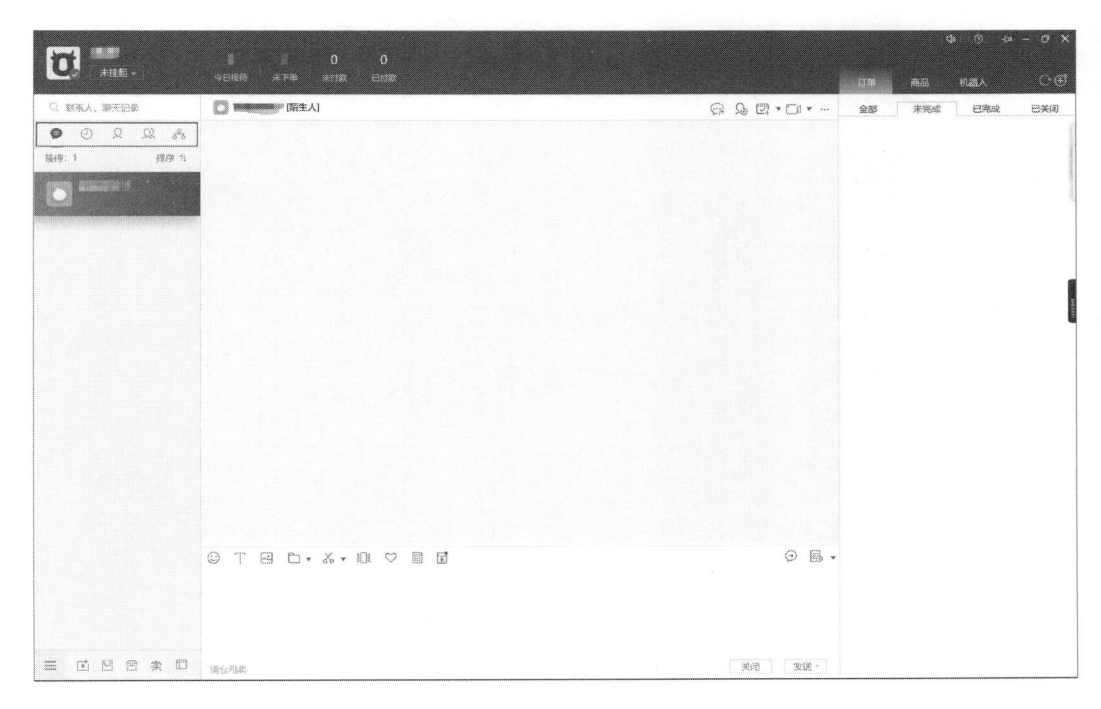

图 2-20　千牛接待中心介绍（1）

如图 2-21 所示，该位置显示的是正在与客服聊天或者客服主动查找到的联系人，可以看到联系人的阿里旺旺 ID，可以按照联系时间和等待分钟进行排序，还可以把鼠标移动到联系人上面，显示出五角星并给联系人添加标记，将该联系人的对话置顶，以提醒客服与该联系人之间有未完结事宜。

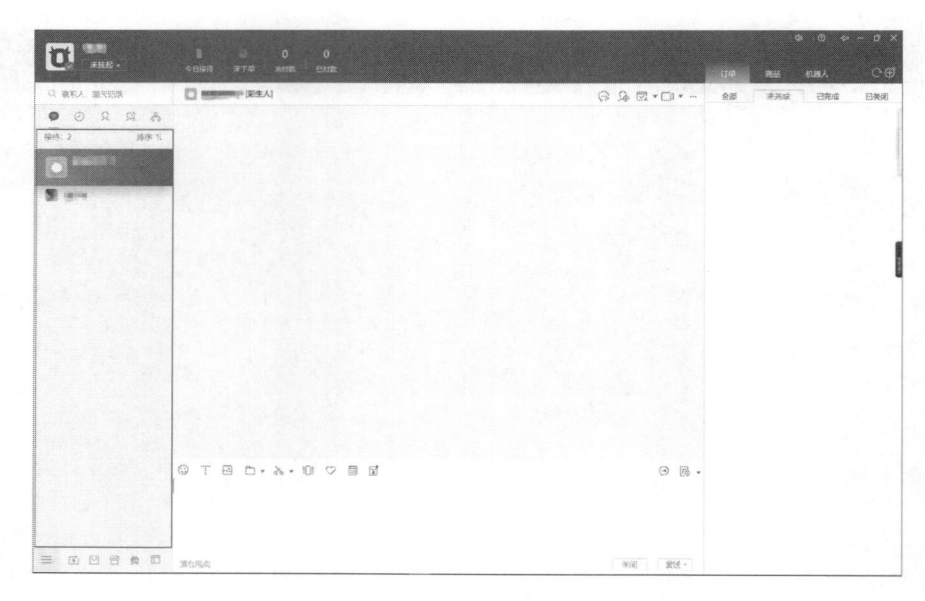

图 2-21　千牛接待中心介绍（2）

如图 2-22 所示，接待中心上方的按钮从左至右分别为转发消息给团队成员、加为我的好友、新建任务、视频聊天和更多。

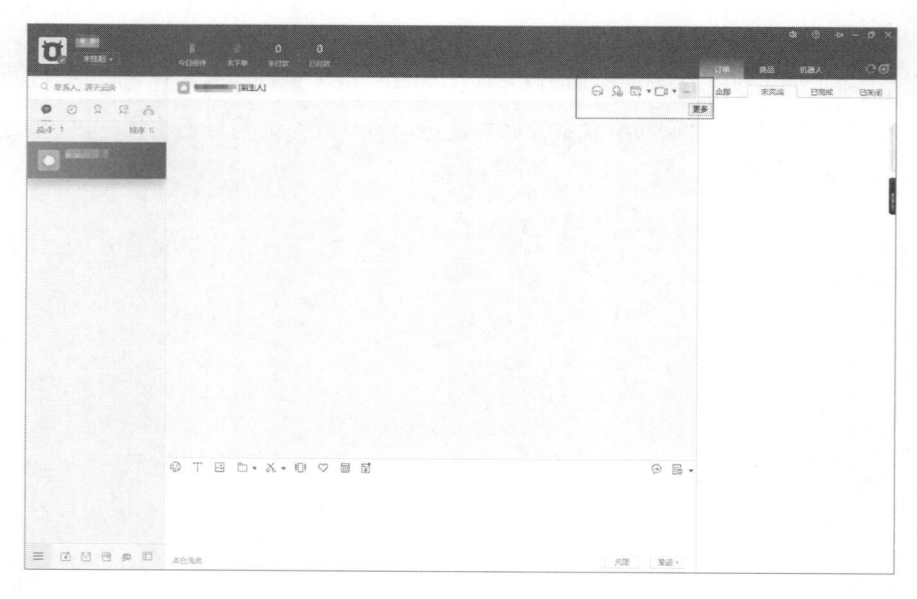

图 2-22　千牛接待中心介绍（3）

（1）当开通阿里旺旺子账号功能后，转发消息给团队成员的按钮就会显示在图 2-23 所示的位置。当需要把客户交接给团队内其他客服接待时，可以使用转发消息给团队成员的功能。

图 2-23　转发消息给团队成员的按钮

（2）当聊天对象还不是好友时，可以点击加为我的好友按钮进行加好友的操作。如果已经互加为好友，这个按钮就会消失。

（3）点击新建任务按钮，会打开添加任务窗口，可以添加与客户相关的任务，该任务会在千牛工作台待办事宜模块中有提醒显示，并且团队中其他子账号在相同位置也有显示，可点击查询。点击新建任务按钮右侧的三角形下拉箭头，还可以查询历史任务。

（4）点击视频聊天按钮可以与聊天对象进行视频聊天。点击视频聊天按钮右侧的三角形下拉箭头，可以与聊天对象进行语音聊天或者视频聊天，也可以勾选不接受语音、视频聊天请求。

（5）点击更多按钮会显示出远程协助和举报的按钮。点击远程协助按钮，可以进行请求远程协助和拒绝对方提出的远程协助请求的操作。点击举报按钮，可以对当前聊天对象进行举报、移至黑名单的操作。

如图 2-24 所示，聊天窗口中间分隔栏上的功能按钮从左至右分别为选择表情、设置字体、发送图片、发送文件、截取屏幕、发送震屏、提醒客服评价、计算器、发红包、快捷短语以及查看聊天记录。

图 2-24　千牛接待中心介绍（4）

（1）点击选择表情按钮，会弹出阿里旺旺的系统表情。图 2-25 所示为阿里旺旺的基本表情，客服在与客户交流时可以巧妙地运用阿里旺旺表情，营造愉悦、轻松的交流氛围，缓解不愉快的沟通情绪，表达用文字无法确切表达的情感。

图 2-25　阿里旺旺的基本表情

（2）合理设置字体、字号以及颜色，可以让聊天窗口中客服的话语与客户的话语有所区分，但是要注意尽量避免使用的字体颜色过于鲜艳、字号过大造成客户反感。

（3）发送图片和截取屏幕的功能可以在客户确认某些信息时使用。

（4）发送文件的功能可以在客户对产品描述及客服文字描述不理解的情况下，提供一些图片、视频、音频等文件，帮助客户解决疑问。

（5）发送震屏的功能是为了提醒对方注意，但是很容易给对方造成困扰，使对方反感，所以不建议客服使用。

（6）提醒客服评价是发送提醒给客户的，让客户为客服的服务打分。

（7）计算器按钮可以直接调出电脑系统自带的计算器。

（8）发红包功能需要店铺主账号单独激活红包功能，并授权客服子账号发红包的权限才能使用。主要用于主动给客户发红包，做好客情维护，感谢客户等。但是这个功能涉及店铺资金安全，商家需谨慎开启。

（9）如图 2-26 所示，点击快捷短语按钮，右侧会显示快捷短语视窗，在这里可以进行快捷短语的新建、编辑、导入、导出和分组的操作。快捷短语的作用是提高客服的工作效率、减少出错次数、缩短客户的等待时长。因此，客服在上岗前需要按照店铺要求统一设置快捷短语。

（10）如图 2-27 所示，点击查看聊天记录按钮或者点击右侧的三角形下拉箭头，可以查看与当前聊天对象的聊天记录，也可以点击查看在线聊天记录，查看团队其他成员与客户的聊天记录。

接待中心页面右侧的区域显示了已经使用的插件。

如图 2-28 所示，点击"订单"按钮，可以显示已有的交易订单，包括未完成、已完成和已关闭订单，并且可以很方便地进行给订单改价、添加备注、给客户留言、查看客户的收件地址、催付的操作。已完成付款的订单会显示发货按钮。

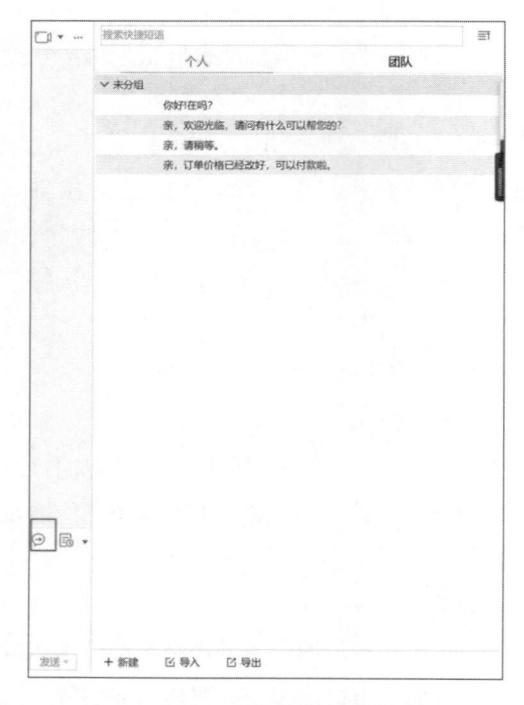

图 2-26　快捷短语设置

图 2-27　查看聊天记录

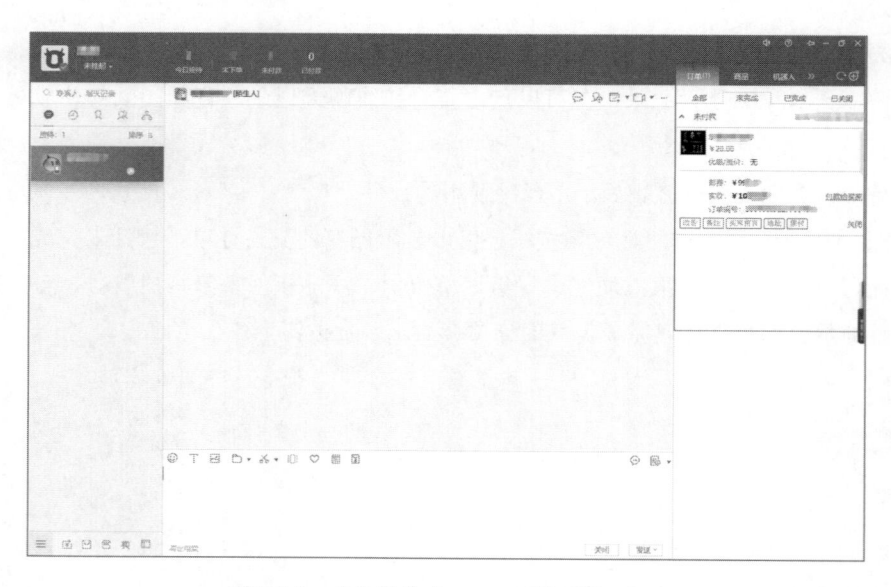

图 2-28　千牛接待中心——"订单"页面

如图 2-29 所示，点击"机器人"旁的前进按钮打开"智能客服"，可以显示当前正在沟通的客户的个人基本信息，可以查看客户的备注信息、信用级别、天猫会员级别、订单信息，以及是否加入店铺客服群、是否为店铺会员、是否有店内优惠券等信息。

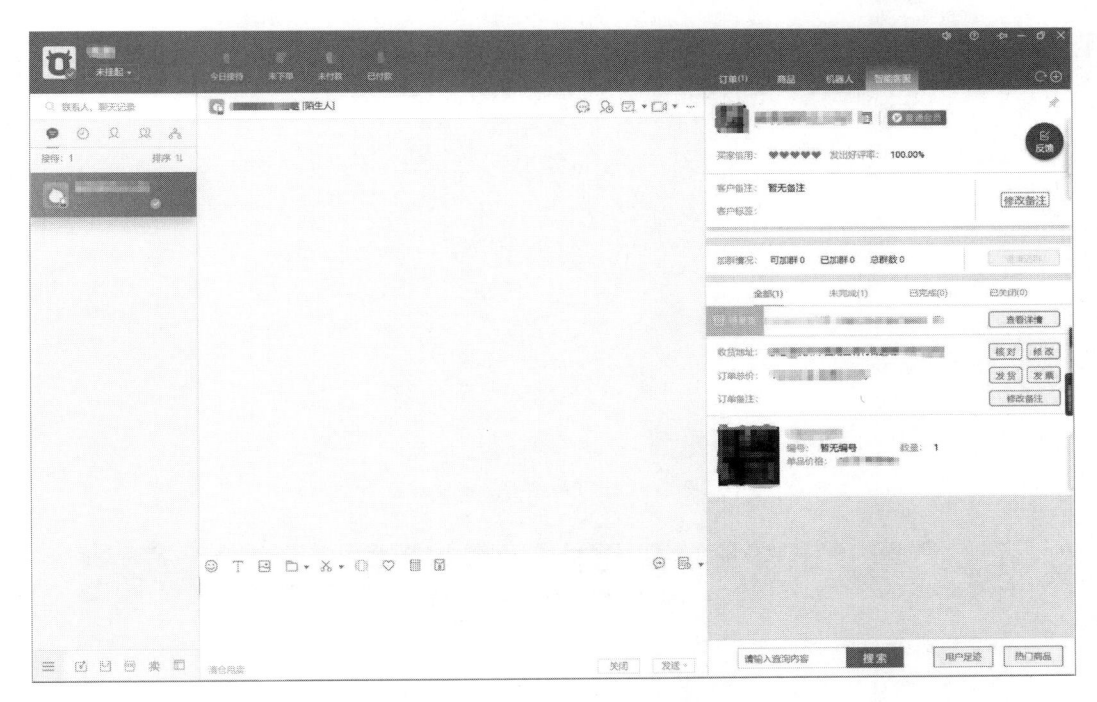

图 2-29　千牛接待中心——智能客服查看客户的个人基本信息

如图 2-30 所示，点击"商品"选项，可以显示客户浏览过的商品，以及与客户购买习惯相关的店内其他商品的推荐。

如图 2-31 所示，接待中心左下方的功能按钮从左至右分别为更多、交易管理、出售中的宝贝、我的店铺、客服中心、工作台。其中，点击更多按钮之后会出现今日接待、管理联系人、消息管理器和系统设置。这里的系统设置与千牛平台导航栏的系统设置一样（见图 2-15）。交易管理、出售中的宝贝、我的店铺、客服中心按钮则是与店铺运营相关内容页面的快捷按钮，在点击它们后可以快速进入相应的后台。最后的工作台按钮则是直接打开千牛工作台的快捷入口。

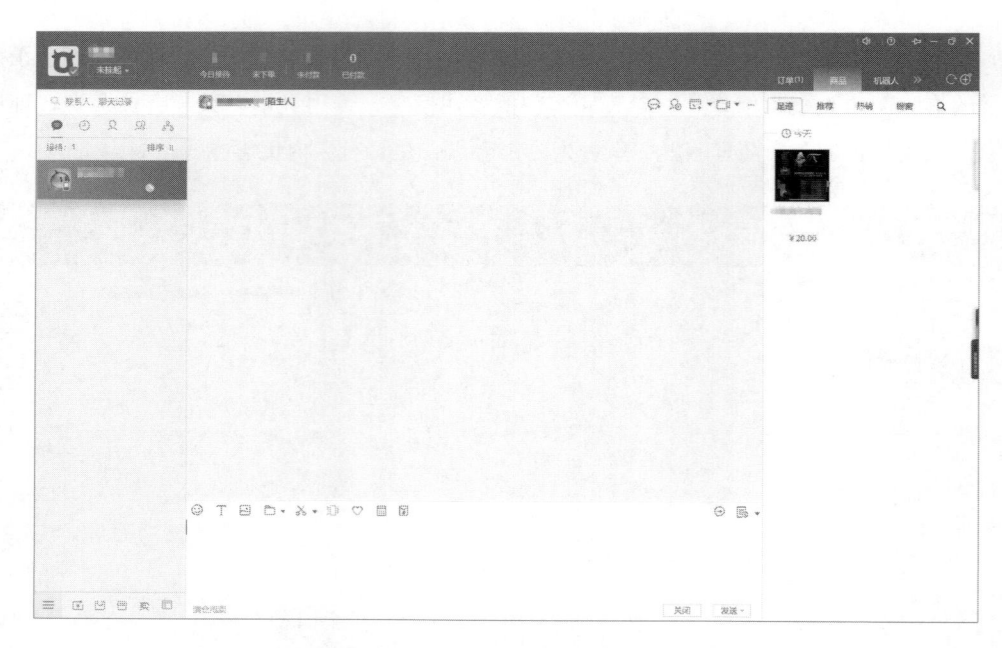

图 2-30 千牛接待中心——查看商品

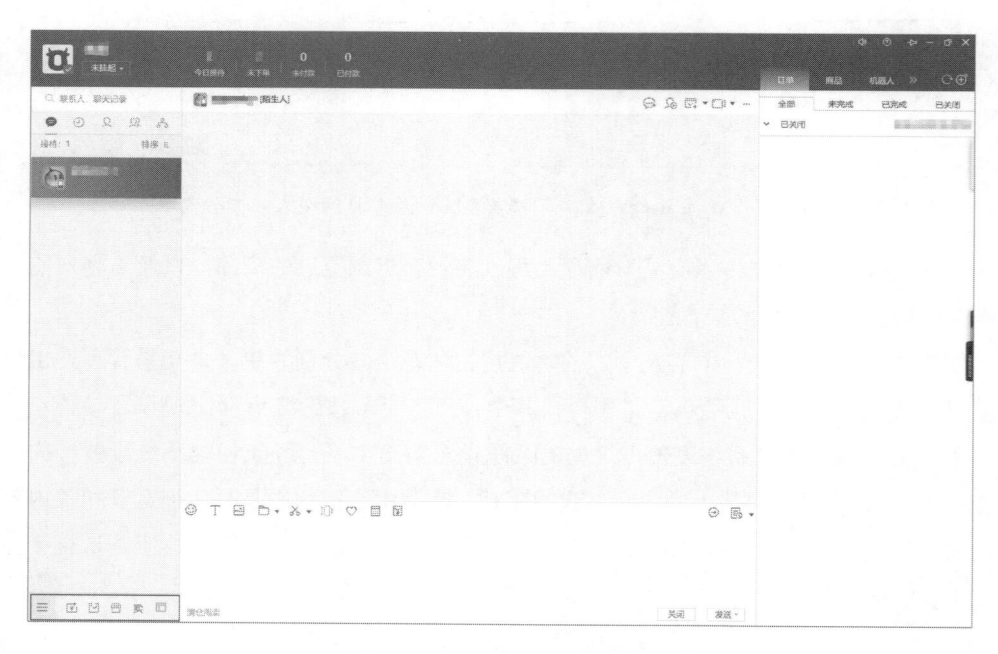

图 2-31 千牛接待中心介绍（5）

2.3.2 手机版千牛

手机版千牛（注：本书演示所用版本为 7.0.50）的功能很丰富，便于使用。在手机中安装了手机版千牛后，我们就可以随时随地查看店铺状态、运营店铺、处理订单、与客户及时沟通。

1. 下载与安装

在淘宝网首页的右上角点击"网站导航"选项，再点击"旺信"链接进入下载页面（见图 2-10）。选择"我是卖家"链接，再选择"下载千牛"链接，最后选择"手机客户端下载"链接，扫描图片中的二维码进行下载和安装。在下载并安装以后，用自己的淘宝网登录名进行登录即可（见图 2-32）。

图 2-32　下载手机版千牛页面

2. 功能介绍

手机版千牛与电脑版千牛的主要功能基本一致，只是手机端页面展示与电脑端不同。下面通过图片举例说明。

如图 2-33 所示，手机屏幕下方的按钮由左至右分别是"工作台""消息""用户运营""头条""我的"。

图 2-33　手机版千牛首页

手机版千牛的工作台有"店铺数据""生意参谋""用户运营""我的应用"以及插件展示和集合,"全部"里面包含的插件与电脑端千牛的功能相似,如图 2-34 所示。

手机版千牛的消息中心可以接收到各种系统消息,点击顶部的加号可以添加更多信息种类,聊天功能也在这里,如图 2-35 所示。

图 2-34　手机版千牛的插件　　　　图 2-35　手机版千牛的消息中心

在消息中心里点击客户的阿里旺旺账号,就可以进入聊天框和客户交流,进行收发消息、发送产品链接等操作,如图 2-36 所示。

手机版千牛的"我的"相当于设置中心,在这里可以通过点击各个链接进入相关页面,还可以对手机版千牛进行设置,如图 2-37 所示。

图 2-36　手机版千牛的聊天框　　　　图 2-37　手机版千牛的"我的"

2.4　店铺后台工具

后台对于商家来说就是淘宝网的"卖家中心",商家所有关于店铺经营的操作都可以在"卖家中心"完成。客服需要掌握卖家中心里面的一些与交易相关的功能。

"卖家中心"首页如图 2-38 所示。"卖家中心"首页包括上方的导航栏、左侧的应用功能导航栏,以及中间的"官方消息"和"工作模块管理"。其中,"工作模块管理"主要包括店铺的"实时数据""生意一点通""待办事项""活动中心""店铺数据""纠纷数据"和一些信息类、学习类模块,方便客服随时关注店铺状况。客服可以根据自己的需求点击右上角的"模块编辑"按钮添加模块。

图 2-38 "卖家中心"首页

2.4.1 页面介绍

如图 2-39 所示,"卖家中心"首页上方的导航栏从左至右分别是"首页""自运营""基础设置""更多"。点击"更多"选项会出现"规则中心""安全中心""服务中心""卖家论坛""淘宝大学""问题反馈"。通过导航栏可以进入相应的页面。

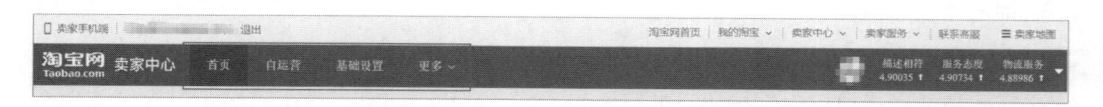

图 2-39 "卖家中心"上方的导航栏

点击"自运营"按钮,会进入"商家自运营中心"页面,如图 2-40 所示。在这里可以设置店铺的淘宝群、短视频、宝贝动态、购后链路、客户秀、淘宝直播、客服直播、拼团和内容合作，这些功能对店铺都是有帮助的。

图 2-40 "商家自运营中心"页面

如图 2-41 所示，"基础设置"包含"店铺基本设置""域名设置""店铺经营许可""子账号个人信息管理"。其中，"店铺基本设置"是对店铺名、店铺标志等店铺的基本信息进行设置的地方，分为"淘宝店铺"和"手机淘宝店铺"两个部分。

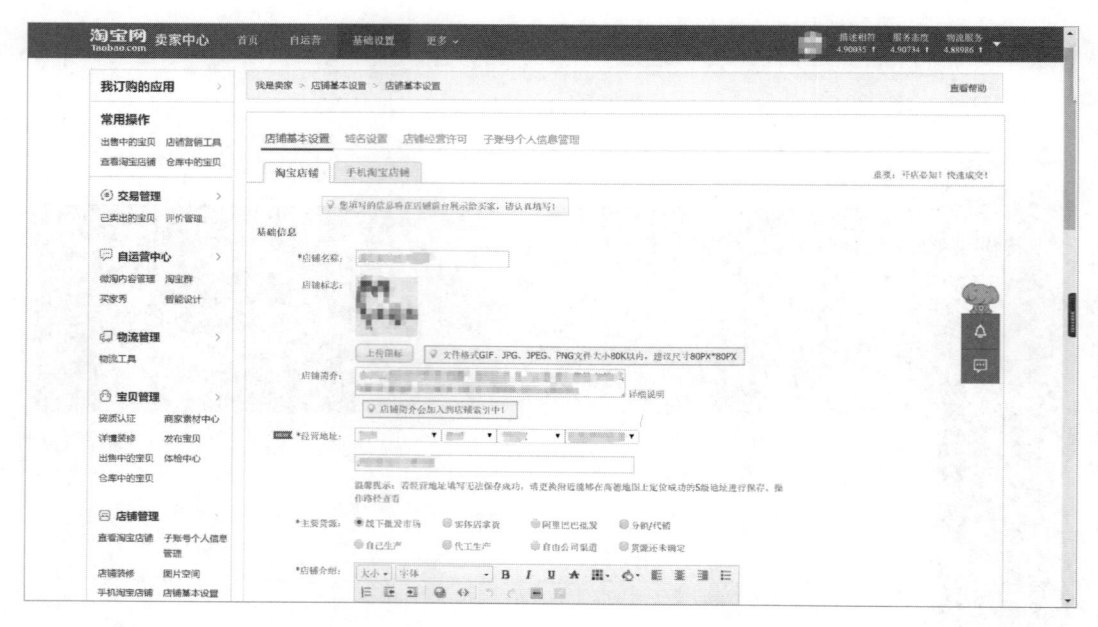

图 2-41　店铺基本设置

如图 2-42 所示，先点击"更多"选项，再点击"规则中心"选项就会直接跳转到淘宝网规则中心页面（见图 2-1）。

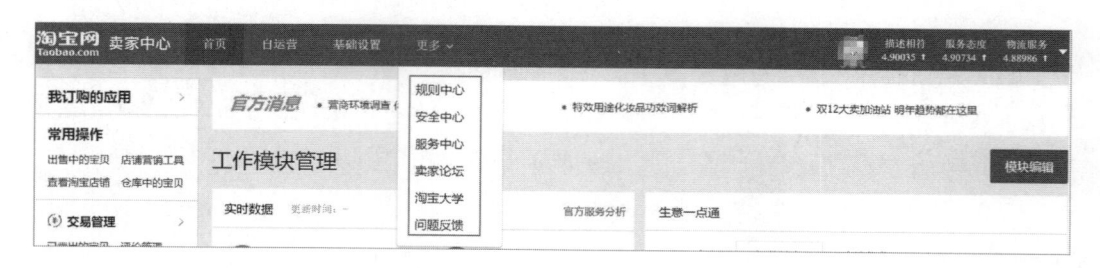

图 2-42　"更多"选项

点击"安全中心"选项会直接跳转到"阿里安全中心"页面（见图 2-43）。如果要举报违规产品或者遇到网络交易安全、信息泄露、账号安全问题等，那么可以到此页面寻求解决方法和帮助。

图 2-43 "阿里安全中心"页面

点击"服务中心"选项会进入淘宝网"服务中心商家版"页面（见图 2-44）。如果遇到操作问题，那么在这里通过搜索功能输入问题的关键词就可以寻找到解决办法。

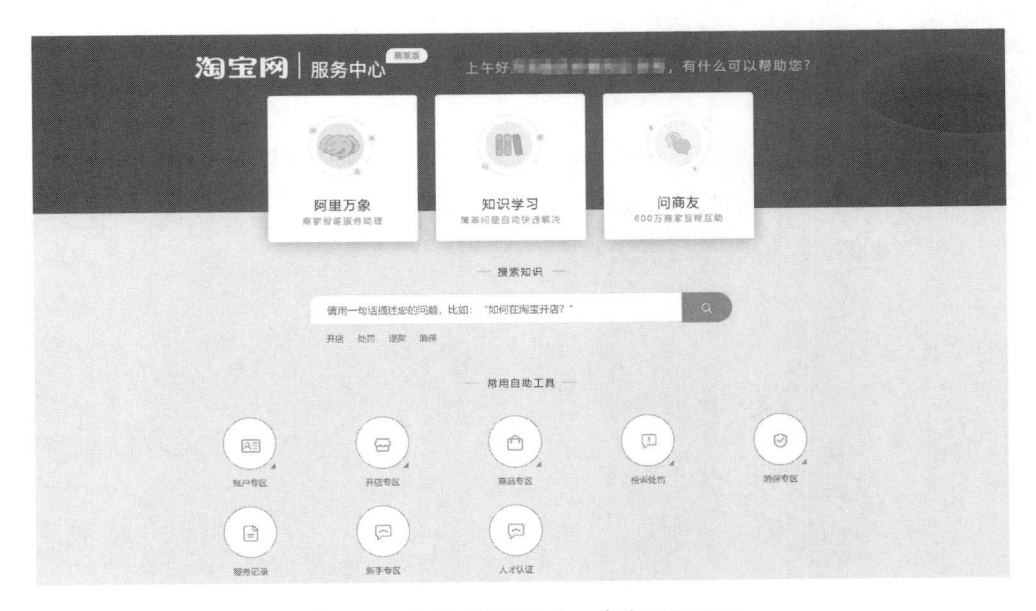

图 2-44 淘宝网"服务中心商家版"页面

点击"卖家论坛"选项会进入"淘宝论坛"页面（见图2-45），在这里可以学习相关政策，与其他商家互动、交流经验等。

图2-45　"淘宝论坛"页面

点击"淘宝大学"选项就进入了"淘宝大学"首页（见图2-46），在这里可以学习各种在线课程，关注线下课程的时间、地点，进行线下课程报名，了解淘宝大学老师的概况等。"淘宝大学"是商家学习淘宝知识的好地方。

图 2-46 "淘宝大学"首页

点击"问题反馈"选项就可以对淘宝"卖家中心"进行意见反馈,帮助淘宝完善"卖家中心"(如图 2-47 所示)。

图 2-47 问题反馈页面

如图 2-48 所示，"卖家中心"左侧的导航栏分为两个主要部分：一个是"我订购的应用"，在这里可以看到店铺订购的关于营销推广、数据分析、客服管理、内容互动等方面的应用；另一个是快捷应用，在这里可以看到常用操作的汇总以及交易管理、自运营中心、物流管理、宝贝管理、店铺管理、营销中心、数据中心、货源中心、软件服务、淘宝服务、客户服务。

图 2-48 "卖家中心"左侧的导航栏

2.4.2 常用应用介绍

因为客服使用的主要功能都在快捷应用的模块中，所以接下来我们对这个部分中重要的应用进行说明。

1. 交易管理

如图 2-49 所示，点击快捷应用的"交易管理"选项，右侧会显示新的选项，客服常用的选项是"已卖出的宝贝"和"评价管理"。

图 2-49　点击"交易管理"选项

如图 2-50 所示的"已卖出的宝贝"页面是客服在日常工作中经常用到的，在这里客服可以筛选、查看店铺的订单，并且可以对已经拍下的产品进行修改价格、修改快递费、备注交易管理类型的操作。

图 2-50 "已卖出的宝贝"页面

客服在与客户的交流中如果承诺给予客户优惠、包邮，或者答应了客户的一些其他要求，比如有赠品、发指定的快递等，那么客服可以在客户拍下产品以后，在"已卖出的宝贝"中进行订单搜索、修改订单价格、修改运费以及添加备注的操作。在筛选订单的时候，除了可以在订单状态的搜索框里选择并搜索客户 ID 之外，也可以直接点击页面中间的近三个月订单、等待买家付款、等待发货、已发货、退款中、需要评价、成功的订单、关闭的订单和三个月前的订单，再搜索客户 ID。

如图 2-51 所示，在客户拍下产品后，通过搜索客户 ID 找到相应的订单，点击"修改价格"链接，在弹出的窗口中进行修改价格和邮费的操作，如图 2-52 所示。修改价格可以通过打折和直接输入增加或减少的金额来完成。修改邮费可以通过直接输入邮费金额或者点击"免运费"链接来完成。最后点击"确定"按钮，页面上就会显示已经修改好的价格，客户也将收到卖家已经修改好价格可以进行付款的系统通知消息。

图 2-51 在"已卖出的宝贝"中搜索订单并修改价格

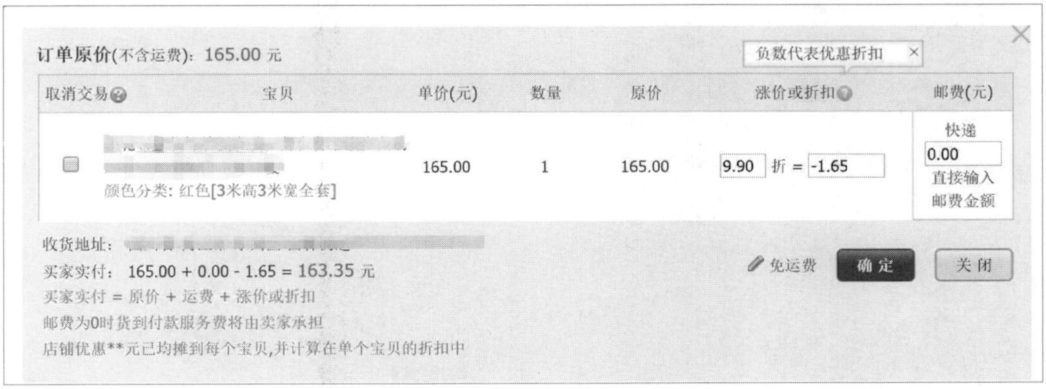

图 2-52 修改价格和邮费

在交易的过程中，如果客服与客户有特殊约定，例如送某样赠品、在包裹内放祝福卡片、约定时间发货、约定发指定的快递等，那么可以对订单进行添加备注的操作。如图 2-53 所示，在订单的右上角有一面灰色的旗帜，点击旗帜即可在弹出的窗口中进行添加备注的操作，添加完毕后点击"确定"按钮进行保存，如图 2-54 所示。当为订单添加好备注信息后，在"已卖出的宝贝"页面把鼠标放在旗帜上，会自动显示备注内容。

图 2-53　为订单添加备注（1）

图 2-54　为订单添加备注（2）

客户在拍下产品后，对价格、运费以及使用的快递如果没有异议，就会进行付款操作，在付款后订单状态变更为"客户已付款"，店铺需要进行发货的操作。在发货时可以点击

"等待发货"菜单，打开所有可以发货的订单。客服可以点击订单中的"发货"按钮进行发货的操作，也可以在快捷应用"物流管理"选项中点击"发货"选项进行多个订单批量发货的操作，还可以在千牛工作台通过插件进行发货。这三种发货方式只是入口不同、页面稍有区别而已，其操作原理是基本一致的。下面就以在订单状态中点击"发货"按钮为例，对发货操作进行说明。

如图 2-55 所示，在"买家已付款"下面点击"发货"按钮，进入发货页面，如图 2-56 所示。其中有四种发货方式，分别是在线下单、自己联系物流、无纸化发货和无需物流。通常仓库人员在货物发出后提供物流单号给客服，客服点击"自己联系物流"选项填入单号，再点击"发货"按钮，就会显示发货成功的页面。如果在线下没有合作的物流公司，那么客服可以点击"在线下单"选项选择快递公司，填入相应的快递单号，再点击"确认"按钮，就会显示发货成功的页面。

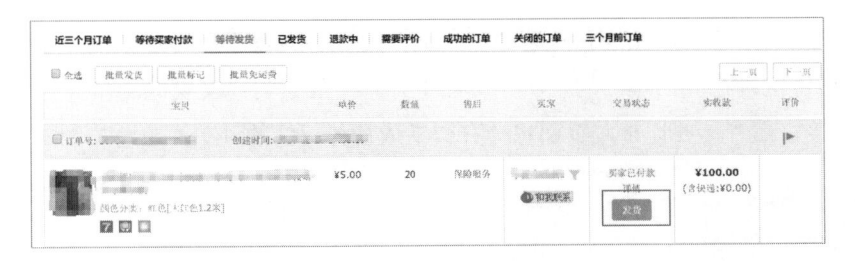

图 2-55　点击"发货"按钮

图 2-56　发货页面

当商家确认发货以后，在"已卖出的宝贝"页面中订单信息就会变成"卖家已发货"，同样在"已发货"页面会有所有已经发货的订单汇总。如果客户要求商家帮忙延长收货时间，那么客服可以在这里点击"延长收货时间"链接进行操作，如图2-57所示。

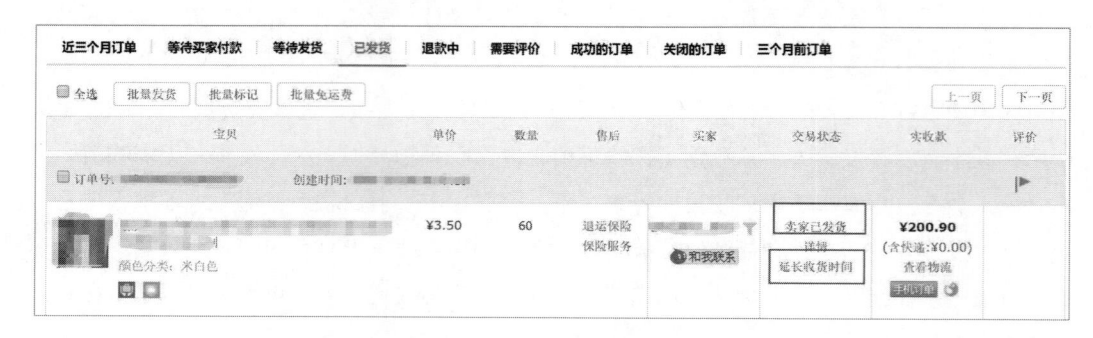

图2-57　订单状态变更为"卖家已发货"

当客户收到产品后，在没有问题的情况下，客户会进入"我的淘宝"对订单进行确认收货的操作，这时在"已卖出的宝贝"页面中订单会显示为"交易成功"，并且可以看到"评价"链接，在"需要评价"页面也会有交易成功待评价的订单汇总，如图2-58所示。

图2-58　交易成功

如图2-59所示，点击"评价"链接后，就进入了对产品进行评价的页面，在这个页面中还可以对交易的沟通或者客户的行为进行评价，通常商家会在这里写道：感谢客户的信任与光顾或期待再次为客户提供服务等。

通常，当买卖双方都评价完毕后，一笔订单就完结了。

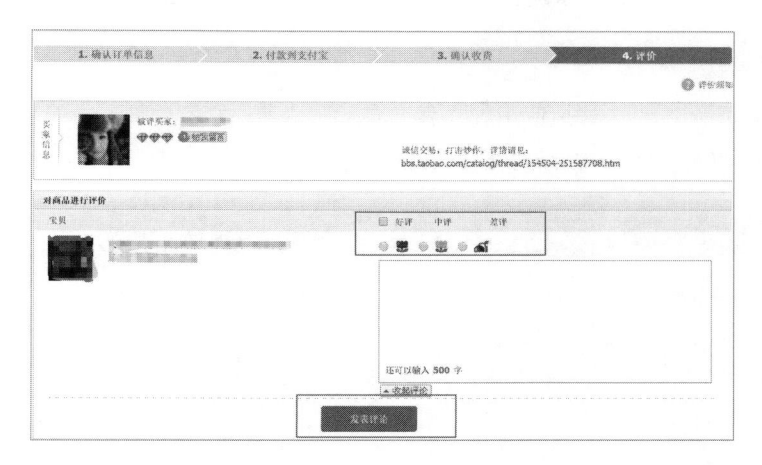

图 2-59　评价页面

点击"卖家中心"的"交易管理"→"评价管理",可以进入"评价管理"页面,如图 2-60 所示。在这里客服可以进行查看店铺半年内动态评分和好评率、对评价修改、可疑评价扫描以及评价回复的操作。

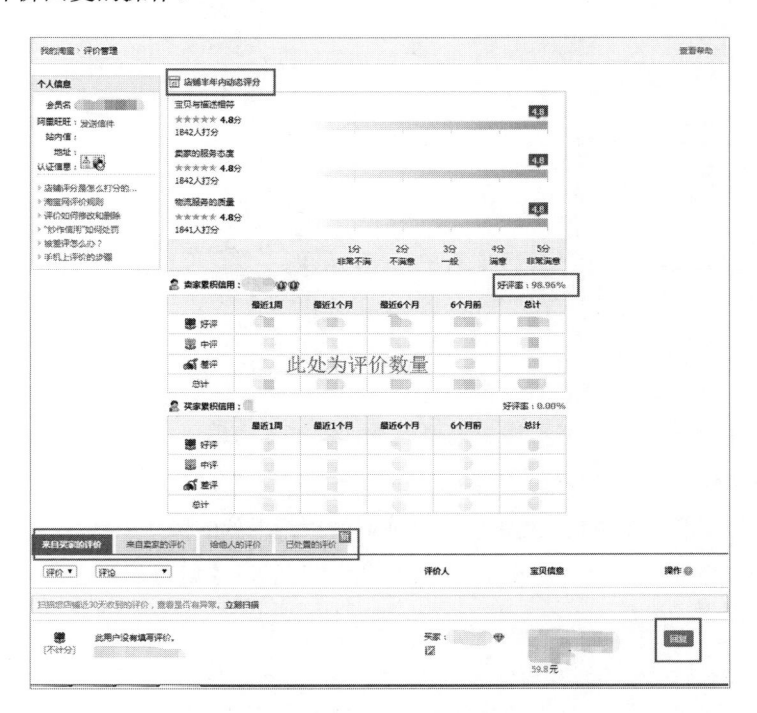

图 2-60　"评价管理"页面

2. 客户服务

如图 2-61 所示，点击快捷应用的"客户服务"选项，右侧会显示新的选项，客服常用的选项有"退款管理""规蜜""投诉管理"。

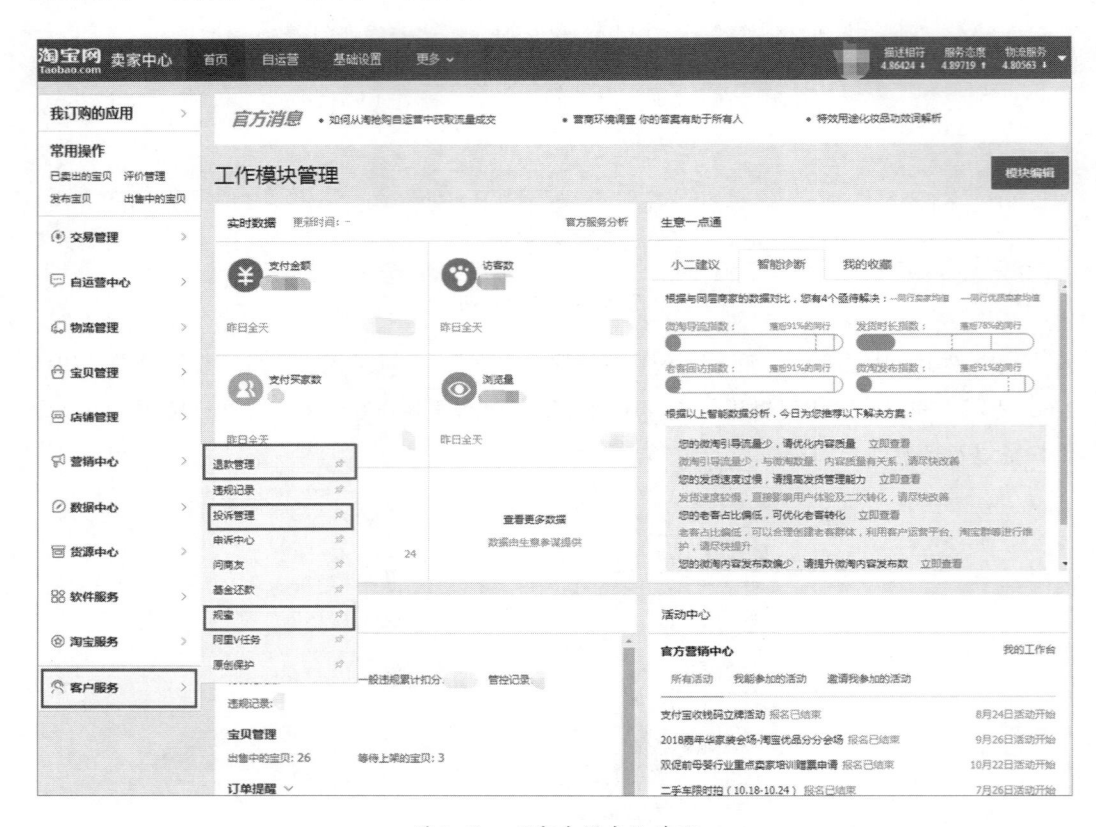

图 2-61 "客户服务"选项

当客户收到产品后对产品不满意需要退货或者产品有瑕疵需要退款时，客户会发起退货或者退款的申请，客服可以在"卖家中心"的"客户服务"选项的"退款管理"页面进行查看，并进行退款详情查看、退款协议达成以及拒绝退款的操作，如图 2-62 所示。在"退款管理"页面中客服可以对买家昵称、退款类型、退款状态等进行筛选。退款类型分为仅退款（未发货）、仅退款（已发货）、退货（已发货）、换货。在处理退款的过程中，客服要仔细核对退款原因与订单实际情况是否符合，对于已发货产品的退款和退货要及时核对货物的物流信息，避免出现没有收到货物就同意退款，造成损失。

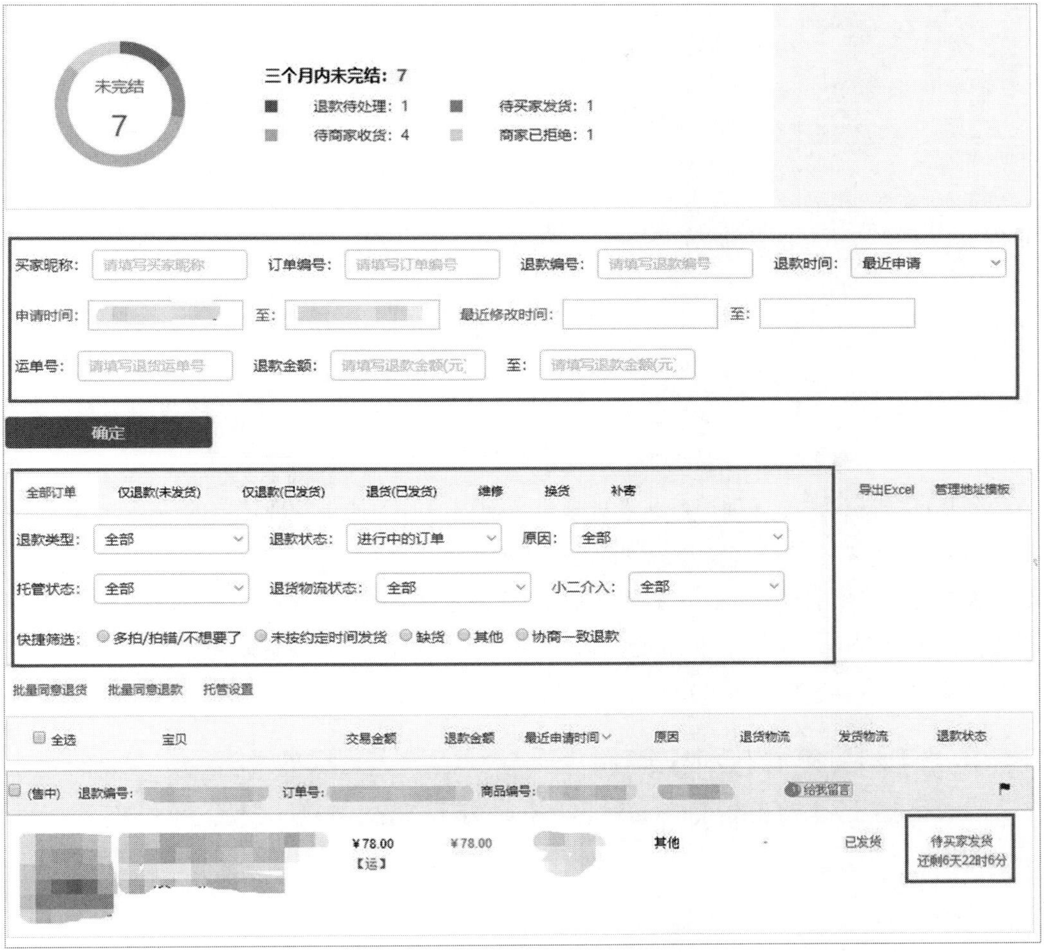

图 2-62 "退款管理"页面

客户有的时候会因为某些售后问题处理不当发起投诉，这时客服可以在"卖家中心"的"客户服务"选项的"投诉管理"页面进行查看，如图 2-63 所示。客服最好把投诉内容及时地反馈给运营或者店长，与他们一起商量解决方案，并给客户答复。

图 2-63 "投诉管理"页面

客服在接待客户、处理评价或者处理售后问题的时候如果发现订单的情况与实际并不相符,并且客户有恶意破坏交易规则的行为,就可以先点击"客户服务"选项,再点击"规蜜"选项投诉订单的异常问题,如图 2-64 所示。例如,客服在接待客户的时候发现客户下单的收件信息有误,并且无法联系到客户,那么可以暂时先把该笔订单定义为异常拍下,点击"异常拍下"选项填入订单号,选择好订单异常情况,如图 2-65 所示。

图 2-64 "规蜜"页面

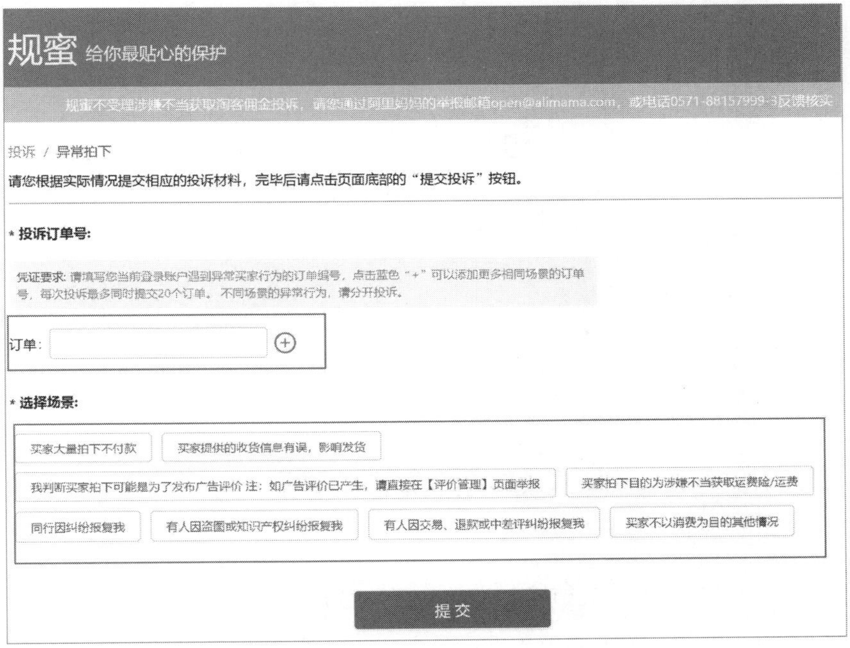

图 2-65 "异常拍下"页面

2.5 平台支付体系

客户在平台购物并支付订单金额时，需要通过第三方支付工具付款。随着平台企业的发展和客户生活习惯的改变，第三方支付工具也变得更加人性化。淘宝和天猫的支付体系主要可以分为自主支付、朋友代付、花呗分期和货到付款。

2.5.1 自主支付

自主支付是指用自己的支付宝付款，客户可以通过支付宝余额或者其他支付方式付款，如图 2-66 所示。其中其他支付方式包含快捷支付（银行卡支付）、信用卡支付、余额宝支付以及花呗支付，花呗支付需要达到第三方支付平台的一定要求才有机会开启。

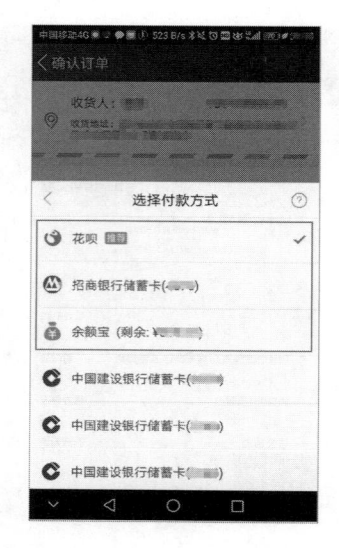

图 2-66　自主支付

客服在熟悉产品的时候也应该了解产品是否可以允许客户使用信用卡、花呗、余额宝、快捷支付付款。通常开通对应支付方式的产品都会在产品详情页面有显示，如图 2-67 所示。

图 2-67　产品支持的支付方式

2.5.2 朋友代付

朋友代付是指让自己的朋友帮忙付款，当客户在付款的时候遇到金钱方面的困难时，客服可以主动提醒客户使用朋友代付功能，让其朋友帮忙付款。朋友代付在订单支付的时候就会提示出来，如图 2-68 所示。点击"找朋友帮忙付"选项就会弹出分享方式，如图 2-69 所示。这里以分享给支付宝好友为例，点击"发送给支付宝好友"选项就会弹出订单情况，如图 2-70 所示。最后，点击"发送"按钮就分享成功了，付款链接会出现在对方的聊天窗口中，如图 2-71 所示。

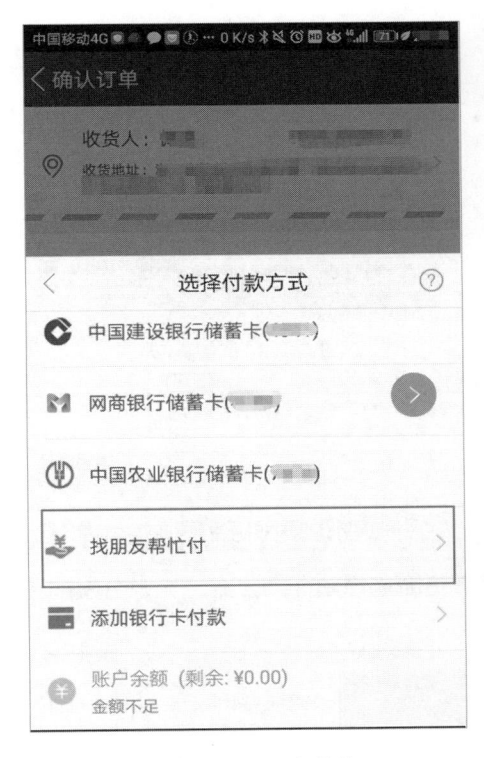

图 2-68　朋友代付　　　　　　　图 2-69　选择分享方式

图 2-70　订单情况　　　　　　　　图 2-71　分享成功

2.5.3　花呗分期

如果店内产品支付花呗分期支付功能，客服应该了解清楚店内的分期规则。例如，手续费为多少。同时，客服可以根据客户需求推荐适合客户的分期方案。花呗分期如图 2-72 所示。

图 2-72　花呗分期

2.5.4　货到付款

平台通常也是支持货到付款的，客服可以通过产品搜索页面的"货到付款"选项查看支持货到付款的产品，如图 2-73 所示。如果店内的产品支持货到付款，就会在详情页面的"支付方式"选项里显示"货到付款"图标，如图 2-74 所示。同时，客服也应该清楚货到付款的规则，以便及时解决客户的疑问。点击网址 https://tms.alicdn.com/market/cainiao/codchn.php 可以直达货到付款的官方页面。货到付款的购物流程如图 2-75 所示。

图 2-73 在搜索页面查看支持货到付款的产品

图 2-74 "货到付款"图标

货到付款购物流程: 01 提交货到付款宝贝 > 02 点击立即购买 > 03 选择货到付款运送方式 > 04 卖家发货 > 05 快递送货验收商品 > 06 确认收货付款 > 07 完成交易

图 2-75　货到付款的购物流程

我们可以做一道简单的计算题，有一个小店在短短 10 天内询单流失的客户有 5000 个，假设追单成功率为 10%，就会多成交 500 个订单，按照 100 元的客单价计算，10 天就可以多卖 5 万元，一个月就可以增加 15 万元的销售额。如果店铺的流量大，那么每天流失的人数是非常惊人的，有效的追单能降低店铺的客户流失比例。

本章小结

本章对客服岗位需要的知识储备进行了详细的描述。一名合格的客服首先要知道自己所从事的岗位的主要工作就是销售产品和为客户提供优质的服务，其次要知道需要学习什么才能有助于自己成长。客服工作的目的是为客户提供良好的购物体验，从而让客户购买产品。客服需要通过优质的服务提高客户对店铺的黏性，提高客户的品牌忠诚度。简而言之，客服工作就是要创造流量价值的最大化，为全店运营服务。为了完成工作任务，达成工作目标，客服不仅要具备良好的基本工作技能，更要了解平台规则，熟悉工具的操作使用。客服只有掌握好这些内容，才能更好地完成日后的工作。

本章习题

1. 在哪里可以找到淘宝、天猫、支付宝的相关规则？
2. 简述客服需要了解及熟悉店铺宝贝的基本属性包括哪些。
3. 电脑版千牛工作台由几个部分组成？分别是什么？
4. 在电脑版千牛工作台的哪里可以查看客户的订单信息？
5. 简述进入"卖家中心"后如何为订单添加备注。
6. 简述进入"卖家中心"后如何修改订单价格。
7. 平台的支付体系包括哪些？
8. 自主支付包括哪些支付方式？

第 3 章

客服售前接待

客服在为客户提供售前服务之前，要清楚自己的工作目标，要让进店客户在购物过程中有良好的购物体验，这种体验需要贯穿整个服务的过程，不能在客户一掷千金时笑脸相迎、在客户斤斤计较时就爱答不理，也不能在客户爽快时相谈甚欢、在客户挑剔时就退避三舍。一名优秀的售前客服在任何服务场景中都能保持自己的专业形象，并且在服务的过程中让客户感受到服务的热情与周到。客服要让客户有这样良好的购物体验，不仅需要细心、耐心和热心，还要在服务的每个步骤中能够达到规范的服务标准。

售前接待通常分为如图 3-1 所示的 7 个环节。在实际的接待中，服务环节并不是按部就班地来，而是会以随机组合的形式出现。客服要能够灵活应对，有针对性地回复客户的问题。例如，有的客户来了就开门见山地要优惠，而客服却还习惯性地回复"在的，很高兴为您服务"，这就有点答非所问了；有的客户在选择产品时可能会犹豫不决，说自己再看看，客服就理所当然地回复"好的"，这就属于"严重的服务环节缺失"了。

及时问候　产品咨询　处理议价　关联销售　追单催付　核对订单　礼貌送客

图 3-1　售前接待的 7 个环节

本章会对每一个服务环节详细地阐述，以便新手客服能在第一时间掌握高质量接待的服务要素。询单转化率是考核一名客服能力的关键指标，如何提高这个指标，答案就是每个服务环节做到更好。细节决定成败，在每个服务环节中你比别人多做一些，最终询单转化率就会得到很大提高。

3.1　及时问候：第一时间留住客户

第一印象常常影响着人们之后的行为判定和决定，是非常重要的。人们常说先入为主，就是强调在人与人的交流中要给别人留下良好的第一印象。在沟通的第一时间，客服要给客户留下良好的第一印象，这样有利于建立彼此的信任，提高成交的成功率。

3.1.1 首次响应的重要性

首次响应时间指的是客服对客户第一次的回复用时的平均值。在销售中，客服需要第一时间留住客户，首次回复客户要体现一个关键字——快。在客服绩效的考核中，首次响应时间是重要的指标之一，首次响应做得不好，会对店铺造成以下不良影响。

1. 拉低搜索权重

运营经常研究影响店铺权重分的各种因素，但是从来没有人能完全说清楚，毕竟大数据的计算逻辑不是人所能掌握的。但是有一种因素却是平台明确告知商家的，就是客户的购物体验指标，比如店铺停留时间、下单成功率和购买客单价这些直接和客服服务挂钩的数据。如果这些数据好，那么说明客户的购物体验好，客户购物体验好的店铺自然搜索权重分高。在店铺的服务体验指标里，有一个指标是旺旺回复率，做好旺旺回复，是店铺做好服务的第一步。

2. 增加流失比例

据不完全数据统计，现在超过90%的订单都是由移动端下单的。消费场景的变化导致客户的购物时间越来越碎片化，甚至粉末化，客服可沟通的时间非常少。大家试想一下自己用手机购物的场景：在餐馆等上菜的间歇，你打开手机淘宝看中一个心仪的产品，问客服选择什么尺码，如果三分钟过去了，消息石沉大海，你就会切换页面继续浏览其他产品，千人千面的搜索展示会根据客户喜好推荐类似的产品，或者你在等待客服响应的过程中收到微信里有人发红包的消息，就会赶紧去抢红包，顺带刷一下朋友圈。然后，菜已经被端上来，你会暂时放下手机，开始享受美食。不管哪种可能，手机中的各种 App 在设法抢夺大家时间。在客户第一次咨询的这个关键节点，客服如果做不到及时响应，在第一时间留住客户，辛苦引来的流量就浪费了，会直接导致店铺的客户流失。

3. 降低购物体验

偶尔也会有部分客户只看上了你们店铺的产品，耐着性子等待客服回复，最终也下单成功。可是网购还有评价和售后等很多未知因素。可能因为怠慢的第一印象，客户没有感受到良好的购物体验，在评价时就不想给服务打 5 分；万一出现了售后问题，客户就会本能地参考第一印象，觉得店铺"果然是不靠谱的"，在无形中又增加了售后服务的难度。

我们都在讲消费体验，消费体验的核心就是一个"爽"字。有需要，还能被即时满足，这就是爽。例如，很多人都玩过网络游戏。几年前流行魔兽世界，之后朋友圈变成了王者荣耀的天下，每天都会有人晒排行榜。进入 2018 年以后，人们都改玩"吃鸡"游戏。从几十分钟一局的游戏到几分钟一局的游戏，游戏时间不断缩短，这就是人们想在短时间内就得到获胜的爽。网络时代的人们需要强刺激，需要即时反馈的"爽"。如果客户不能得到及时回复，就没有得到即时反馈的"爽"，还谈何消费体验？

3.1.2 首次响应的四个要素

1．响应时间

通过前面重要性的讲述，大家了解到首次响应要"快"，快的标准是什么呢？客服术语里有个词——"黄金 6 秒法则"，就是说第一次回复的最佳回复时间要在 6 秒以内。在客服有能力的情况下，响应要越快越好。

2．服务态度

有些客服的响应虽然是很快的，但是只回复了"在的""有的"。这种回复即使有速度上的快，却弥补不了态度上的缺失。如何能表现出客服热情的态度呢？网络客服的沟通都是基于文字的，在聊天过程中可以多使用语气助词，比如"好的呢""可以呀"这样的语气助词，这样可以有效地传递一种态度，让客户感受到与他交流的客服一定是一位甜甜的萌妹子；网络交流还有一个更加直接传达态度的方式，就是表情包。阿里旺旺自带了很多可爱的表情，可以很好地传达客服的态度，如图 3-2 所示。客服也可以在阿里旺旺中自定义添加属于自己的表情包，现在网络中流行了很多有趣的表情包，客服在沟通中灵活使用会大大增加客户的好感度。

当然，客服使用的表情要经过筛选，客服需要擅用一些阳光的、善意的、可爱的表情，避免使用一些过于暴力或者容易引起歧义的表情，那样会适得其反，成为态度的减分项。

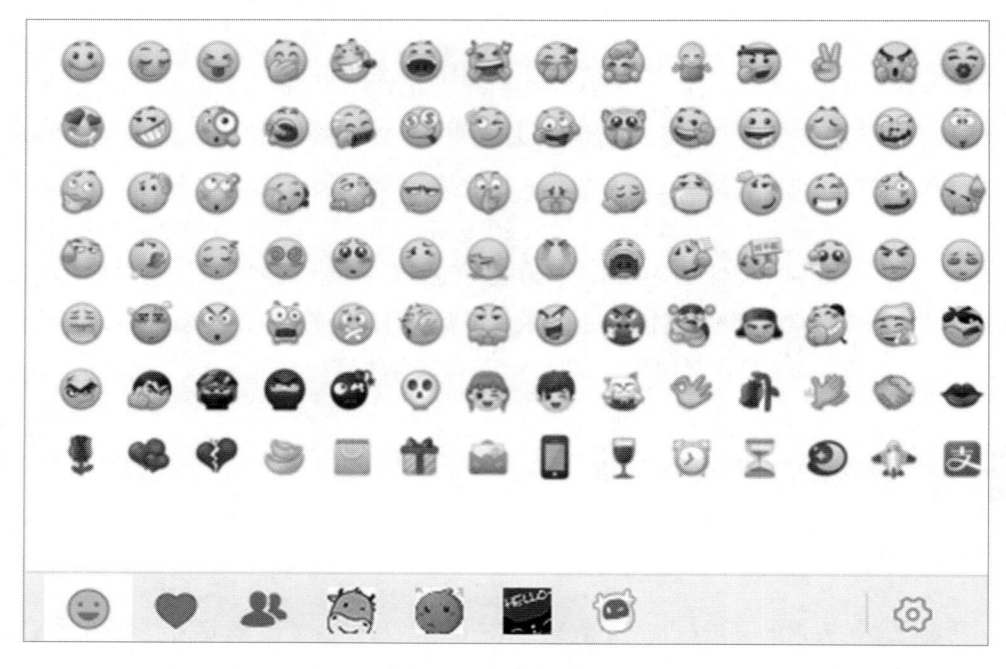

图 3-2　阿里旺旺的表情

3. 设置格式

在首次回复客户咨询时,很多商家会设置系统的自动回复+关联问题,但是忽略了现在购物以手机为主,有的商家还习惯和以前的 PC 端设置一样,用大段的文字,这样影响了客户用手机浏览。在设置好自动回复后,商家可以到移动端检查一下格式,要做到有逻辑的分层表达。

通过图 3-3 和图 3-4 所示的两个案例自动回复格式的对比,我们体会一下对客户接收信息的影响。首先,图 3-3 中的文字内容占了满满一屏,甚至超过手机一屏,客户要想看全信息需要再往下滚动手机屏幕,这种阅读体验对于手机用户来说非常不好;其次,图 3-3 中的内容没有清楚的段落分层,客户需要逐字逐句地理解意思,现在有些人连长微博都懒得看,难道店铺的自动回复还要让客户做"阅读理解"题吗?图 3-4 所示的店铺利用关联问题的设置,简单明了地罗列了几个重点活动内容,客户对于自己想了解的优惠政策,直接点进去即可查看详情。

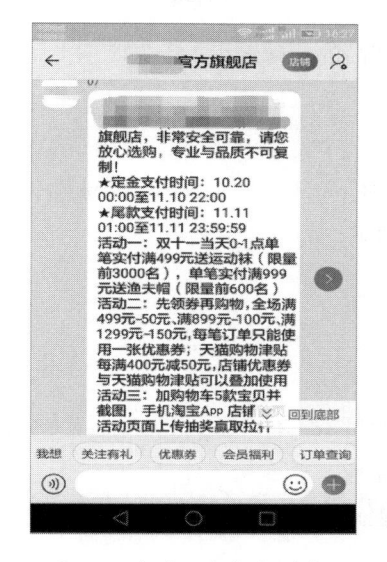

图 3-3　自动回复格式（1）　　图 3-4　自动回复格式（2）

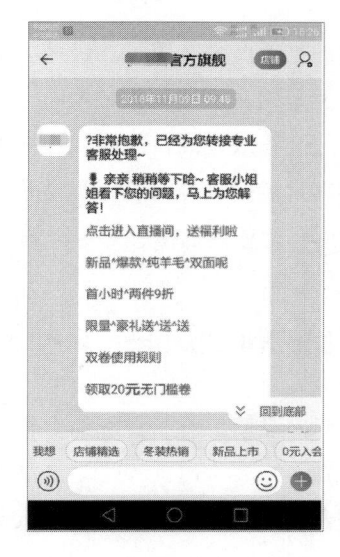

4．回复内容

对于回复的内容，前面提到了类似"在的""有的"之类言之无物的回复，在客户进店的第一时间，客服的回复内容一般包含以下内容：①对客户的称呼，淘宝有着传统的"亲"文化，通常称呼客户为"亲"。随着个性化服务的升级，很多店铺都采取了更多元化的客户称呼，这没有标准的要求，符合店铺的定位和风格即可。②会点名店铺，强调客户光临的是××店铺。③要有简单的个人介绍，表明为客户服务的客服是谁。④可以表达出服务的意愿。

案例：亲，欢迎光临××旗舰店，我是您的专属客服双双，很高兴为您服务。

万事开头难，客服通过与客户首次接触，给客户留下了热情服务的第一印象，有了一个好的开场，接下来通常就进入服务的下一个环节，这也是决定客服转化最核心的一个环节，对于产品相关问题的专业解答。

3.2　产品咨询：专业知识赢得客户信任

产品咨询是最能考验一个客服专业能力的服务环节。在产品咨询时，经验不同的客服会展现出不同的推荐能力。第一层级是了解产品的基础知识。上岗客服要达到这个层级，连产品都说不清楚的客服是不具备上岗资格的。第二层级是熟悉产品的周边知识。善于思考和学习的客服会很快延展自己的周边知识，一个具备丰富周边知识的客服在与客户沟通时更容易赢得客户的信赖。第三层级是熟悉产品的场景营销。客服要能够让自己的销售有画面感、场景感，行业内通常会称这样的客服为"天生的"销售人员。

3.2.1 产品的基础知识

前面已经对产品学习有了详细的介绍，这里不再赘述。客服要把学习到的产品知识运用到工作中，在客户咨询时能说清楚产品的属性、卖点，并且可以针对客户需求给客户推荐合适的产品。客服表现出来的专业度直接影响了客户的购买决策。产品咨询主要包含以下 4 个方面。

1. 告知库存数量

当客户看中一件产品时，他们会第一时间和客服确认是否有货，如果缺货，那么客户可能会中断咨询，选择离开。天猫店铺产品的库存数量通常是准确的，但是难免会出现少颜色或者断尺码的情况，客服常见的回复为"亲，可以拍下就是有货的，不能拍下就是没货了。"从字面上看，这是一句陈述句，表达产品页面的真实库存情况，可是从销售的角度来说，这是一句完全没有意义的回复。

1) 有库存

在大多数情况下，当客户咨询产品是否有货时，客服如果只是简单地回复客户"有的"，就失去了主动介绍产品的机会，只能被动地等待客户的下一个咨询问题。一问一答、机械式的被动服务不是一个客服应有的积极态度，很容易错失客户。在这个时候，客服可以换一种表达方式，在回复有货的同时，进一步地引导客户。

"亲！您的眼光真好，这是我们店铺卖得最好的一款宝贝，您看中了哪个颜色？"

"亲，这是我们店铺回购率最高的宝贝，今天下单的前 100 位客户还有可爱的包包挂件赠送呢。"

同样是确认有库存，在第一个案例中，客服通过认可客户的眼光，增加了感情交流，并且主动抛出下一个问题，引导客户保持沟通；在第二个案例中，客服通过侧面回答证明了产品的品质，并用店铺限量的赠品引导客户尽快下单。网络销售的沟通要在短时间内传递更加密集的信息，而不要一直被动地等待客户询问。

2）无库存

缺货在销售中不是稀奇事，但是有些客服对于缺货问题的处理会让很多老板"抓狂"。现在淘宝的流量越来越贵，获客成本在逐年递增，如果碰巧客户咨询的一款产品没有货，客服万万不能用一句"没货了"就把客户打发走。

如果缺货的产品只是短时间缺货、在预售或者补货中，那么在这种销售场景中，客服要告知客户预售的规则、发货的时间，让客户感觉好东西都是值得等待的。当然，如果客户看上的产品已绝版，那么客服可以根据客户偏好的款式、需要的功能和心理价位，推荐一款替代产品，并且对推荐理由进行补充说明。例如，产品材质做了升级，功能方面做了加强，但是价格却是差不多的，非常值得购买。

有库存做补充说明，无库存做相关推荐，这是当客户咨询库存问题时，客服服务的正确方式。当确定有货后，客户会进入产品材质的咨询。

2．介绍材质

产品的材质是产品价格的主要决定因素，一个产品静悄悄地摆放在那儿，非常不起眼，但是经过专业客服详细介绍，客户会觉得物有所值、值得拥有；同理，一个产品因缺乏专业的介绍，价格也会大打折扣，无人问津。客服如果想成为能增加产品附加值的专业客服，就需要对产品有全方位的深入了解。

1）材质的基础属性

对于服装类目来说，店铺衣服的材质分为棉、羊毛、桑蚕丝。对于这些基本的产品材质，客服要在客户咨询时清楚地告知客户。比如，对于一个家纺店铺来说，客服在销售过程中如果无法解释清楚材质，那么当客户质疑你们店铺的四件套比别的店铺的贵时，就不知道该如何答复。因为床上用品 40S 和 60S 的材质不一样、成本不一样，所以做出来的四件套的价格也会差别比较大。只有通过客服的介绍，客户才能真正地了解到产品价格差别的原因。有些细致的客户可能还会咨询到不同成分的含量。在每个类目中，对于材质的成分含量都有清楚的规则说明，假冒材质说明属于违规的行为，会导致店铺违规被扣分。

2）材质的卖点

基础属性是产品的背书，客服可以对着产品详情页照本宣科，但是对于材质的卖点，客服需要主动向客户讲述。比如，一款头层牛皮的包的基础属性是头层的牛皮，但是头层牛皮有什么特点呢？头层牛皮材质的包的皮质更加柔软，牛皮颜色显得更有质感，背起来更加轻便；上文介绍了材质的多个不同特点，但是在实际销售过程中，这些特点不一定要全部都展示给客户。客服在与客户沟通的过程中，可以通过客户的需求进行个性化需求推荐，这样成功的概率会更大。

案例一：对于手机店铺来说，店铺的详情页会有很多卖点展示，甚至有些最新的黑科技卖点，但是对于某位只关注摄像头或者像素大小的女生来说，客服只要强调"自拍很好看"这个卖点，就可以打动女客户了。

案例二：对于女装店铺来说，对于咨询毛衣是否会显胖的客户，客服如果强调羊毛含量高、保暖性好可能就跑偏了，客服如果关注到客户对于"瘦"的需求，就会有针对性地回复"亲，这款毛衣的肩膀部分为挂肩式设计，不会显得肩宽，而且宽松版型会遮住腰部一些多余的肉，这款黑色的特别显瘦"。

材质的属性决定了产品的价格，而对于材质的卖点挖掘，可以直接提升产品的价值。客服不但要了解自己销售产品的材质，还要清楚各种材质之间的区别，以及每种材质的优缺点。这样，在客户咨询材质时，客服才能让客户更真切地感受到产品的材质。

3. 推荐尺码

很多想做客服的人存在一个误区，认为只有鞋、帽、服装类目才需要做尺码推荐，其他类目的店铺客服不用学习尺码推荐。举个简单的例子，对于一个卖蛋糕模具的店铺，客户询问："我家使用的是××型号的烤箱，请问蛋糕模具我是选择大号的还是中号的合适？"如果客服直接回复"亲，详情页有详细尺寸，您可以自己测量"，那么可能就不会成交。这样的回复给不了客户任何专业的指导，客户想要购买到合适的蛋糕模具，要么自己慢慢测量，要么选择另一家店铺更专业的客服去咨询，在更多时候，客户为了方便会做后一种选择。

网络购物和实体店购物最大的区别：客户和产品之间只有图片、简单的文字描述。店铺现在利用越来越多的短视频、直播等形式缩短与客户的购物距离。客服在面对客户需要尺码推荐的时候，可以充分利用自己对产品的熟悉度，针对类目产品的特点做专业的推荐。

案例一：在某个女鞋店铺中，客户想要购买一双皮鞋，客服要首先确认客户的脚型。如果只是普通的脚型，那么通常按照正常尺码选择；如果客户强调自己的脚比较宽，那么客服可以建议客户选择大一个尺码；如果客户是送给妈妈的，客服一般也要建议客户选择大一码，随着年纪的渐长，骨头会变硬，鞋子穿着太挤会不舒服，妈妈们的鞋码一般要大半码或者一码。

案例二：在某个母婴店铺中，客户想要购买一款儿童睡袋，客服首先要了解宝宝的年龄，根据宝宝的年龄推荐合适的睡袋尺寸。在推荐母婴产品时，推荐的尺码在大多数时候是宁大勿小的。因为宝宝的生长速度比较快，客服在推荐睡袋时可以考虑宝宝会用2～3年。中国地域辽阔，在推荐睡袋时，客服还需要了解客户的生活地区，因为北方的房间有暖气，和南方的差距还是比较大的，所以不能在冬天都盲目地推荐厚款。

除了以上案例说的标准维度之外，在服装类目里，客服还需要考虑偏好维度和风格维度。比如，老年客户喜欢穿宽松一些的衣服，职场女性喜欢修身一些的衣服，有些店铺的风格是Oversize，对于这些因素客服在推荐尺码时都要考虑。

每个类目、每件产品都会涉及产品尺寸，购买合适尺寸的产品是客户的根本需求，买大的模具放不进烤箱，买小的鞋子挤得脚疼，这些都是失败的购物经验，而这些失败的源头，恰恰是客服推荐尺码不专业。

4．推荐颜色

客户在选择产品颜色时，也经常会寻求客服的帮助，客服在很多时候会把"皮球"踢回去，让客户选择自己喜欢的颜色，客户要是有明确喜欢的，早就不会纠结了。这个踢"皮球"的动作，只会简单粗暴地把客户拒之门外。

颜色推荐比尺码推荐更主观，也相对容易一些。客服一般可以告诉客户，自己喜欢哪个颜色或者哪个颜色更受多数客户青睐，提出类似的信息供客户参考；如果客户继续纠结，问客服围巾是灰色的还是黄色的更好看，那么客服可以了解一下客户平时的穿着习惯，如果客户喜欢穿深色系的衣服，那么可以这样回答客户，"如果衣服的颜色深，就可以选择一条黄色的围巾搭配，在冬天显得温暖，而且黄色比较衬肤色。"这种推荐既不会太突兀，又会让纠结的客户得到一个确定的答案，利于顺利下单选购。

除了正常颜色的推荐之外，在网购时还有一个必然存在的问题，就是色差。因为每个屏幕的饱和度不一样，再加上很多产品在拍摄时的光线问题，产品呈现出的色彩度并不是完全一样的。客户在咨询颜色的时候，客服更好的说明方式是用生活中大家达成共识的参照物做说明。例如，我在一次购物中咨询客服实物是什么样的红色，客服很聪明地回复说："亲亲，您家如果有××矿泉水瓶，就是和那个瓶封一样的红色。"我在看到这样的描述后，对这个红色的认知不会和客服有很大的偏差。

不光是服装，其他产品的颜色推荐也需要考虑客户的喜好、周边的环境以及搭配的协调。除了产品的基础属性之外，客服需要平时对产品周边知识有更多的延展学习，这样才能提高推荐产品的专业能力。

3.2.2 产品的周边知识

优秀的客服往往具备多重身份。他会是一名"法律专家"，熟悉平台的各种交易规则；他还会是一名"谈判专家"，在遇见议价和售后问题时，善于沟通与说服客户；更重要的是，他一定是一名优秀的"产品专家"，虽然产品不是客服设计的，也不是客服生产的，但是客服要对这些知识都有所涉猎，对自己产品类目的行业知识要有一定的认知度。

食品类目的客服如果说不清楚食材加工的流程、保质期和储存方式，那么客户在咨询后能吃得放心吗？女装类目的客服如果不了解2018年秋季和冬季的流行颜色和一些时尚搭配风格，那么能做到专业推荐吗？

不论什么类目，一名优秀的售前客服一定要具备丰富的周边知识，周边知识并没有明确的定义范围，只要有心，生活经验也可以转化为知识储备，为销售出力。我认识一位客服小A，她是我的朋友圈里的"全能型妈妈"，服务于母婴类目，在小A和客户的沟通中很少看见客户议价的场景，基本上都是俩人围绕孩子聊各种"育儿经"，从生活的点滴到教育的烦恼，期间把销售的产品融入交谈中，选购的客户觉得小A就是育儿专家，听她的没错，所以下单都非常爽快，而且回购的老客户特别多。小A就是运用自己的育儿经验，与自己所销售的母婴产品密切关联，在为客户提供产品服务时，还让客户找到作为妈妈的群体情感共鸣。

不同类目的店铺都会有这样优秀的客服存在，这种销售其实就是一种客服的IP打造，能吸引粉丝的客服是未来优秀客服的发展趋势。他们通过周边知识的拓展，让自己成为所属领域的"意见领袖"。淘宝主播李佳琦在直播的时候，如果用1分钟介绍产品，那么会花

5分钟教大家用产品，比如在介绍一支眉笔时，他会教粉丝们配合不同的脸型和妆容画不同的眉毛。在这个时候，粉丝们购买的不再是单纯的产品，而是对主播专业度的信任。未来，所有类目的客服都需要努力提升自己的专业度，让客户在选购产品时不用花太多时间研究或者选择，只要听介绍，就可以获得足够专业的信息。

3.2.3 产品的场景营销

很多时候，人们喜欢的不是产品本身，而是产品所处的场景，以及在场景中自己浸润的情感。——《场景革命》

以前人们要购物需要出门到实体商店，后来有了专业的电商购物平台就可以在线购物，而现在可用手机随时随地购物。你在刷抖音时，看到好玩的东西可以链接到购物页面直接下单；你在坐地铁时偶然看见一则零食的广告，可以随手扫码下单。购物的场景在不断变化，多元化的场景营销逐渐深入人心，很多时候你购物往往只是因为恰好在那个场景中，而这个产品正好出现在你的面前。

在销售过程中，客服要能把自己的店铺产品带入一个场景中，销售能力需要再精进一步，达到纯熟的程度。客服小马是卖鱼竿类目产品的，他在销售的时候会根据客户钓鱼的场景，向客户推荐合适的鱼竿，在销售的过程中，大量描绘钓鱼的细节，并且分享一些博大物（行业术语，就是钓大鱼）的客户秀图片给客户，让客户身临其境，好像手握鱼竿就一样会钓到十几斤的大鱼，那种喜悦的画面已提前植入客户的脑海里。

家具类目客服的空间想象能力是非常重要的。一件合适的家具需要与房间的装修和其他物品协调，家具又属于大件，因为运输和售后的问题，很多客户在购买时很难做决策。我在选择书橱的时候就有切身体会，因卧室比较小，在实体家具店没有选择到合适的书橱，就想在网上碰碰运气，恰巧遇见了一位非常专业的客服，他让我提供了可摆放书橱的空间和周边的家具摆放照片，然后为我推荐了一款简约的组合书橱，告诉我虽然书橱的面积不大，但是设计的摆放空间合理，可以装很多书，符合我对书橱的空间需求。其实在下单的瞬间我仍有一丝担忧，但是当书橱安装好以后，我发现它完全像定做的一样，尺寸合适，款式也和房间原有的家具非常搭调。多了书橱的卧室摆放着自己喜欢的书，我得到了很好的满足感。

以上两个案例都是非常成功的场景营销案例，对于湖边钓鱼的场景、卧室阅读的场景，客户因为喜欢这些场景，所以选购了这些场景中的鱼竿、书橱。客服在销售时先满足了客户对这些场景的想象，再使他们购买了这些场景中的产品。现在店铺会做主图小视频、店铺直播，其实这些都是一种场景营销的构建。客服在日常销售中要能把所销售产品带到客户使用的不同场景中做描述介绍，这样的推荐成功概率会倍增。最成功的场景营销就像橱窗里的衣服，女生们觉得那些漂亮衣服在呼唤自己的名字，即使没有穿也能感觉到美丽。同样，客服也可以让客户觉得产品恰恰非他莫属。

在文末我给大家分享一个销售小宝典，在做产品推荐时，我们可以灵活应用销售的 FAB 法则，即属性、作用、益处的法则。F、A、B 分别对应三个英文单词 Feature、Advantage 和 Benefit，按照这样的顺序介绍就是说服性演讲的结构，它达到的效果就是让客户相信你的产品是最好的。

对于推荐产品的每个小环节，我们都可以套用 FAB 法则。例如，我们和客户说明一件家具的材质是进口的水曲柳（材质的基本属性）。它质地坚硬、含水率高、不容易变形（材质起到的作用），是 E0 级环保材质，对家人的身体健康好（客户获得的好处）。同理，我们在推荐颜色和尺码时也可以使用 FAB 法则。对法则的应用，需要不断地练习，一定要喊出客户的利益点，每位客户最终都是为自己的需求买单的。灵活利用 FAB 法则会让客服的销售能力提升一个台阶。

主管在做店铺客服聊天质检时，发现有的客服态度很热情，回复很积极，可是对产品介绍的回复经常不是重点，不能正面地解决客户的问题，而是直接用一些店铺"快捷话术"里现成的答案解答客户的咨询，要不就干脆用一些模棱两可的答案，完全体现不出客服的专业能力。所以，本节的内容对于新手客服来说是非常重要的，建议反复阅读 3 次，并在工作中不断地实践。

3.3　处理议价：灵活处理，解决分歧

通过产品咨询，客户对产品有了比较全面的了解，购买的意愿增强了，这时还有一个关键环节会影响客户的购物决策，就是产品的价格。超过八成的客户在询单过程中会提出议价的要求，而超过三成的客户会提出多次议价的要求。买卖双方因为信息的不对称，永远存在一种博弈的关系，议价是商业行为中非常普遍的行为。

3.3.1 两种常见的错误处理方式

1. 直接拒绝

客户平时在购物时问客服是否有优惠，十有八九都会被告知"亲，我们的价格是优惠价格了，不议价的"。更有甚者会强硬地回复"议价不回复"。在一些店铺内训中，我和店铺主管交流过这样的处理方式，这么做的初衷是什么？理由很多，有的说为了节约沟通成本；有的说通过价格筛选寻找真正的客户群体；有的说议价的客户都得寸进尺，影响心情。这些理由乍一看都挺有道理的，可是却经不住琢磨。这种回复很容易被客户理解为"要买就买，不买就走开"，表现的是客服居高临下的态度。

任何商业行为都不能违反人性。在零售行为中，90%的议价其实只是习惯性的行为，客户不购买的最大原因往往不是价格，而是客服的态度。例如，一个线下水果超市来了一位客户问："橙子多少钱一斤？能便宜吗？"你见过哪个服务人员会说："不能还价，还价就别买了！"人家都会热情地解释："别看今年的橙子贵了点儿，但是水分特别足，甜度也大，您先少买点儿尝尝"。就算是企业之间的采购也会有谈判专家参与，如果都不议价，那么还谈判什么呢，你报价我直接接受就行了。

不论是街边小买卖还是商场大宗交易，议价都是正常的商业行为。网络零售的价格透明度比较高，很多时候产品的利润空间比较小，就算要拒绝客户的议价，也可以换种方式，好好说话。

2. 直接亮底牌

很多掌柜是了解商业本质的，知道在购物的过程中客户总会有议价的要求，店铺会设置不同使用门槛的优惠券或者制定一些满减、折扣等优惠政策。可是客服在和客户沟通的过程中，却忘记了客户议价的关键心理，客户不是要买便宜货，而是要有"占到便宜"的感觉。客户一问有没有优惠，有些客服就直接亮出自己的底牌，把所有的优惠都告诉客户。你可以思考一下，客户通常是知道优惠立刻下单，还是会继续疑虑，客户可能会觉得得到这样的优惠太容易了，估计还价还少了，老板肯定还能再优惠，这时如果再和你二次议价，你就没优惠可给了。

比如，平时我们在玩斗地主时，对方出8，你会直接把大王打出去吗？肯定不会呀，这样打牌只会把一手好牌打烂。在购物的过程中，价格的主动权本来是掌握在客服手里的，如果亮出全部底牌，后面就没有任何谈判的空间了，这样议价的成功率会很小。

也有客服有疑问，前文中提到网购销售要信息更密集，第一时间给出优惠是为了留住客户，有这样的想法是好的，但是给的方式要正确。如果想在第一时间用优惠留住客户，那么同时需要向客户传递优惠的限时和限量，让客户有一种紧迫感，如果这种优惠对每个人都有、在什么时间段都有，那么就等于没有。

综上所述，客服在面对客户议价请求时，直接生硬地拒绝或直接亮出全部底牌，都不是最佳方案，在议价中，请遵守一条基本的原则——有条件地让步。财经新闻报道过，上海某老牌自行车厂被共享单车企业下了一笔 500 万辆的订单，价格谈得非常低，原因就是单车企业有足够多谈判的条件。客户想要折扣，我们让他在购物满 100 元时可以使用店铺的优惠券；客户想要包邮，我们告诉他在购买两件产品时可以包邮；客户想要价格更优惠，我们可以告诉他在购买同款产品时购买第三件产品的价格为 0 元。只要客户满足条件，我们的价格是永远可以有谈判空间的。

3.3.2 分析顾客议价的心理

每个人都可以问一下身边的人，在买东西的时候会议价吗？超过八成的人会给出肯定的答案。可能有正好看见这段话的读者斩钉截铁地说自己从来不议价，但是我们解决问题要针对大多数人。要想在议价的博弈过程中达到共赢的局面，客服需要先了解客户在议价时都有什么样的心理。

1. 占到便宜

前文中也提到，客户在议价的时候是希望占到便宜的，而不是要购买便宜货。怎么样才能让客户感受到占便宜呢？举个反例，大家可能更好理解。对于一件原价为 199 元的衣服，店铺的"双十一"活动价为 99 元，客户在下单成功后却因选择的尺码缺货，客服需要联系客户申请退款。按照常理来说，在退款后，客户并没有损失，反而省下 99 元，但是客户通常不会这样思考，大多数客户会强烈要求发货，因为客户感觉自己没有占到 100 元优惠的便宜，白白损失了 100 元。在经济学上这称为"厌恶损失"，相对于 100 元的损失带来的"负效"是省下 99 元收益带来正效的 2.5 倍，所以我们就可以理解客户为什么明明不花钱，却高兴不起来。

在议价时，客户可能要的是占到便宜的快感。

2．寻求平衡

和大家分享一个小故事，在一次朋友聚会中，我觉得闺蜜的围巾很好看，当时就用淘宝图片搜索功能在淘宝上找到同品牌的同款围巾下了单，在对比价格后发现，价格竟然相差了一半，闺蜜当时就有点儿郁闷了，觉得自己花了冤枉钱。在生活中，我们是不是常常遇见这个故事里的情景？别人用比我更优惠的价格买到了同样的东西，虽然产品没有问题，但是我花了更多的钱，所以我的心理不平衡。

买卖双方的信息不透明，客户很难了解到合理的价格，所以就会用议价的方式避免自己比别人买得贵。人们在消费时本能的防御心理促使大家都会试探性地问价，而且在咨询客服时，还要货比三家，最终再做出自认为比较理性的选择。可是购物恰恰是感性的行为，个体本就无法获取所有的信息，所以只要让客户感受到优惠就可以，而不一定要真正做到全网最低价。

在现在物质丰富、供大于求的市场关系下，产品同质化难以回避。在同等价格下，店铺最终拼的就是服务。我们要让客户在购物的过程中获得最大的心理满足感，哪怕产品不能优惠，也要让客户感受到心理平衡，本店童叟无欺，绝对不会让他吃亏。

3．追求成就

在接待一些议价客户的过程中，客服会非常惊讶地发现，沟通了半小时，结果只便宜了 5 元，订单却顺利成交了，而且能明显地感受到客户的好心情。客服可能会疑虑，客户明明购买了超过百元的产品，这 5 元为什么对客户这么重要？

在长期与客户接触及做客户分析时我们发现，有些客户以议价的博弈过程为乐趣，觉得商家让步了，自己成功地说服了别人，有"赢"的感觉。还记得前面说的消费体验的爽感吗？"快"是一种体验的爽，"赢"就是另一种体验的爽。

面对这样的客户心理，赢的过程不能直接。如果直接亮出底牌，议价太容易，那么他反而没有"赢"的满足感。在了解到这样的客户心理后，客服在给客户优惠的同时，要让客户感觉我们是被他说服的，他真的很厉害，要满足客户的虚荣心，这样使用了小优惠获得了订单。

3.3.3 了解议价常见的场景

不管客户有哪种议价的心理，都会在和客服的沟通中表现出来。阅读本书的读者可能是正准备做客服的新人。在实际服务过程中，客户提出议价请求并不都是直接问能不能优惠，很多时候会在沟通时埋下伏笔，关键时刻给出一个客服难以拒绝的理由。客服要在上岗前多了解一些常见的议价场景，提前准备好应对的方案。

1. 诉苦型

诉苦型客户在议价时，会在开始时做很长的铺垫，先全面、细致地咨询客服，了解产品的方方面面，全程表达出对产品的喜爱之情，让客服感觉这是一位成交概率很大的客户，接着客户会小心翼翼地提出议价请求，如果客服婉拒了，客户并不会轻易地放弃，而会继续打出感情牌，比如，"我还是学生，真的非常喜欢你们家的宝贝，就便宜点呗""这是送给女朋友的礼物，要不她要生气了"。在遇见类似的议价场景时，客服在大多数时候都不好意思拒绝。

在生意参谋的客户画像中，学生是网购强大的主力军，他们也是最舍得花钱的一群人，所以以学生没有经济来源为借口要求优惠，并不是充分的理由。当然，客服需要了解客户议价理由背后的需求，并不需要针对理由给出评判。

在应对诉苦型客户的议价时，比较好用的一招是见招拆招："亲，我看您这么喜欢我们的产品，我也特别希望能成交，可是我们客服没有额外优惠权限呢。"接下来，客服也可以诉苦："真羡慕亲，我很怀念上学那会儿，感觉自己最富有的时候是上学那会儿，现在工作赚钱难，业绩考核还很严格。" 客户本想让客服同情自己，给出优惠，现在反而还要安慰客服，得不偿失，自然不会再继续用类似的理由议价。

2. 承诺型

承诺型客户在议价时豪情万丈、自带光芒，不会像诉苦型客户一样小心谨慎地提出议价要求，而会理直气壮地对客服说："老板给一个最低价吧，我们办公室的小姐妹们要团购。"这时客服可能会抑制不住内心的喜悦，以为自己被大单砸中，直接告诉客户最低价为××元。客户可能会接着说："好的，我先买一件试试，如果好其他小姐妹就都会买。"这时，客服如果再回复单件不优惠就有点尴尬了，毕竟你把底牌先亮给了客户。

当然，一些类目产品会有批量选购的团购单，在遇见这种订单时，客服不要马上亮出最低价格，而要问清楚客户需要的数量、型号、要货时间等，要有一个详细的购物清单再谈团购价格，正常企业的采购要有预算和审批的流程，采买的人员也是有清晰目标的，这样的团购订单会更加靠谱。

在更多类似的场景中，客户只是试探商家的价格，如果表达了先买一件试试再批量购买的承诺，那么我建议客服同样给一个承诺："亲，您可以先选择一件看看是否合适，如果下次需要团购，我会帮您申请一个团购价格，并且把这次单件购买的差价也帮您补上。"如果客户以后来兑现承诺，那么客服可以收获真正的大额订单；如果客户不来兑现承诺，那么客服也能顺利完成本次交易。

3．利诱型

利诱型客户在议价时会抛出很多诱饵。比如，客户会说，给我优惠一点儿，我收到货后给你好评或者介绍朋友购买。对于商家来说，这些都是很有诱惑力的条件，好评也好，帮忙分享宣传也好，都是网店后期需要花很多精力引导和维护的，现在客户主动提出这些好处，要不要直接答应呢？

大家不要忘记，利诱往往和威逼连在一起。当遇到这类场景时，客服如果当面拒绝，客户就会变成另一种模样，"不给我优惠，那我就不买了"，更有甚者，会要挟说："没有优惠，到时候不给好评！"

不论利诱也好，威逼也罢，客服都要有回应。客户如果展示友好的一面，那么客服可以表达衷心的感谢，但不是利用金钱感谢。首先，好评返现在淘宝规则里属于违规行为，会被当成一般违规扣分，客服提供的服务一定要在不触碰淘宝规则的基础上。其次，对于客户说的好评，客服可以向客户说明，店铺评价都是客户在购买产品后的真实反馈，可以让他看一下有很多喜欢产品的客户，从侧面转移客户对价格的注意力。客户如果展示要挟的一面，那么客服也无须担心，现在天猫店铺都开通了"评价要挟极速处理权利"，客户在下单后，客服要做好标签记录，一旦客户真的给了一些不良评价，客服可以上传凭证进行评价删除。

4. 分析型

分析型客户在议价时并不直接提优惠这个关键词，而是帮着客服分析各种利弊。比如，"马上就换季了，羽绒服放着也压仓库，还不如便宜点儿卖给我"或者"一件也要包邮，我买了好几件，帮你们省了不少邮费，邮费就给我折成优惠呗"。你是不是感觉他分析得都很有道理，好像不是在占商家便宜，而是在帮商家解决各种小麻烦。

在面对这类客户时，客服不要轻易被绕进去。我是《奇葩说》的粉丝，在辩论场上，赢的人往往都是坚持自己观点的人，一旦被别人的观点牵着走，就很难再说服投票的那些观众了。同样的道理，客服在这时候可以亮出店铺的立场，比如针对客户的省邮费一说，真诚地向客户说明，商家的邮费成本是按照包裹均摊的，有的可能会省一些邮费，而有的寄到偏远地区还会贴更多的邮费，还有很多售后退换货产生的邮费支出，这些都会均摊到邮费支出项，所以产品包邮本就是商家让利，无法按照客户理解的优惠折算成利润做折现，还请客户多多理解。

因篇幅关系，我只列出四种比较常见的议价场景，但是在实际工作中，我们会遇见更多的议价场景和五花八门的议价借口。客服要做的是，剥离这些外表还原议价的真实需求，面对买卖双方的议价分歧，使用一些可操作的议价技巧。

3.3.4 应对议价的五个技巧

1. 吹捧法

没有人不喜欢听到赞美的语言。当面对客户议价时，客服可以通过赞美客户，让客户获得精神上的满足，从而忽略物质上的支出。比如，对于服装类目来说，客服可以称赞客户的身材或者搭配风格，"亲，你的身材太好了，穿这件衣服肯定比模特穿效果还好"。比如，对于母婴类目来说，客服可以称赞客户的细心和全能，"亲，你真是一位用心的妈妈，自律表对宝宝养成好习惯真的非常有帮助"。

在如图3-5所示的案例中，家居类目的店铺来了一位客户，在刚开始时他一直纠结于价格。客服在了解到客户送礼的需求后，针对产品的包装、客户的品位、选礼物的眼光等做了一系列赞美，让客户感觉自己的选择是正确的，之后他就不再纠结于价格问题，而是把关注点放在送礼的初衷上，最后顺利下单购买了。

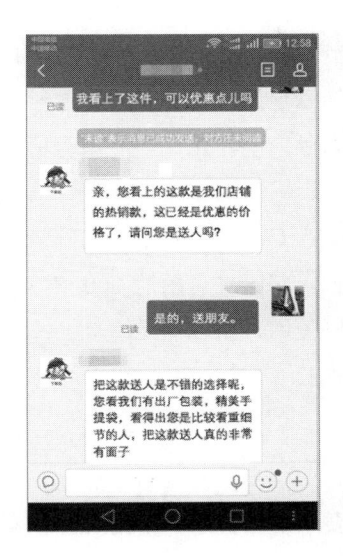

图 3-5　吹捧法案例

2. 数字法

我们在逛超市的时候，能看见很多醒目的价格标签——直降 20% 或者最低 19.9 元起，这些都是非常明显的数字法。有时候店铺产品明明给了客户优惠，但是客户却感受不到优惠的力度，客服如果能够清晰地分析出数据结果，会更有说服力，比如"亲，您领取了店铺 20 元的优惠券，购买两件还可以再打 9 折，包邮帮您省了 15 元的邮费，这样算下来，您足足省了近 70 元，直接省了一件打底裤的钱。"

数字法除了展示优惠的力度之外，还能做拆分解读。我在一次和朋友聊天时，朋友说家里的冰箱要换了，吐槽现在的东西贵，一台最基础款的冰箱要 3000 多元。我问她家里的冰箱用了多久，她告诉我差不多 10 年，我说一台冰箱的平均寿命是 10 年，一年才花 300 多元，一天才花 1 元，哪里贵呀。她乐着说，被你这样一说好像是挺便宜的，你不愧是做销售的。对一些高客单价的产品做这种数字拆分，哪怕单品价格再高，但是分摊到每天都会是微不足道的金额，更容易让客户下决心购买。

3. 限时法

如果优惠人人有、天天有，那么在客户的眼里就等于没有优惠，所以客服在传递优惠信息时，要注意限时和限量这两个关键词。"饥饿营销"在很多场景中还是屡试不爽的。在2018年的"双十一"狂欢购物节，淘宝全网总销售额突破了2000亿元大关。在这个销售额的背后，人们都感受到了限时的紧迫感，在一年中仅这一天能有这样的优惠，因为优惠力度大，所以很多热销产品是限量供应的，比如一些型号的品牌手机、经典颜色的口红更引起了人们的追捧。

店铺在日常销售时无法造成"双十一"那么大的阵势，但是同样能让客户感受到紧迫感。比如，这个赠品限量200份，每天支付的前200名客户有赠品；优惠券只有三天的使用期限，客户在三天内下单可以使用，所以要是喜欢产品就要尽快下单付款。这样，在议价过程中，客服还完成了追单的工作。

4. 请示法

对于那种步步紧逼、一直要求给予优惠、不给优惠就不罢休的客户，客服一味地回避并不是解决问题的最佳方案。这时候，客服可以选择请示法这个议价的应对技巧。请示法顾名思义，就是请示上级的管理者，然后把请示的结果告知客户。

这样做基本上就堵住了客户再进一步议价的要求，请示主管后的结果会更加有权威，更容易让客户接受，同时也让客户感受到客服真的尽力了。这里请注意，请示主管只是让客户感受到这个动作的结果，而不是让客服真正做这个动作。对于议价的权限范围，店铺是早就规定好的，除非是团购单，否则客服在实际工作中没必要每一单都请示主管。前文中提到不直接亮出底牌，在这里可以把议价的最后一张底牌当作请示主管后的最终结果，告知客户。

5. 关联法

还记得前面强调的议价原则吗？对，就是有条件地让步，议价的关联法就是需要客服进行引导性的说明，告诉客户每一种优惠需要达到的条件是什么，满足这样的条件要怎么做，也就是通常说的关联销售，下一章会做详细阐述。

关于议价，我之所以写了较长的篇幅，是因为在实际接待工作中，超过半数的订单会面临议价问题。客服如果采取拒绝或者回避的方式，那么不能让客户有好的购物体验。当面对买卖双方的议价分歧时，客服既不要简单粗暴地拒绝，也不要一味地退让，而要做到有条件地让步。

3.4 关联销售：主动推荐，提升客单价

销售额=流量×转化率×客单价。流量是店铺运营的工作，而转化率和客单价就要看店铺的客服能力了。很多客服仅仅把工作重心放在转化率上，在月底统计销售额的时候，发现自己比别人少了近一半，对于同样的工作时间和相同的接待量，客单价高的客服的销售额是其他客服的几倍，如图3-6所示。客单价是除了询单转化率之外，考量客服能力的另一个重要指标。

旺旺	销售额	完成退款金额	客单价	客件数	询单->最终付款成功率	旺旺回复率	首次响应时间	平均响应时间	咨询人数
	￥47,934.51	￥1,686.57	￥128.96	2.05	51.99 %	100 %	0.77	22.1	1750
	￥73,806.46	￥1,892.53	￥178.78	2.76	49.39 %	99.94 %	0.25	19.72	1713
汇总	￥121,740.97	￥3,579.10							3463
均值	￥60,870.49	￥1,789.55	￥154.96	2.42	50.57 %	99.97 %	0.48	20.75	1731.5

图 3-6 客单价

客服需要提高客单价，因为售前客服工资的核心是业绩提成，客单价提高意味着销售额提高，销售额高工资自然就高；店铺也需要提高全店的客单价，店铺运营通过产品关联销售、设置不同门槛优惠等形式来提高每个客户的消费总额，平台搜索会考量每个产品的"坑位值"。分配给你的店铺的流量如果带来的都是低客单价的销售额，那么大数据算法自然会把流量分配到能产生更高客单价的店铺；平台也要提高客单价，官方大促活动会设置类似跨店的优惠，客户在一个店铺中购物达不到优惠的门槛，但是在几个店铺中购物总会达到优惠的门槛，这在无形中就提高了每个客户的价值。

在客户关系管理中，有一个名词是客户终身价值，指每个客户在未来可能为企业带来的利益总和。客户终身价值和老客户营销的相关内容会在其他章节里说明，这里不做赘述，

主要想借用的词是"利益总和"。多次购物的老客户会增加客户价值，新客户一次购买多件产品可以提高客单价，同样也会增加利益总和。

对于客服业绩、店铺业绩、平台流量和客户价值来说，关联销售都是非常重要的一个服务环节。虽然这个环节很重要，但是在实际的服务过程中，关联销售往往是缺失的。

3.4.1 关联销售的现状

1. 不做关联

在很多服务咨询中，客服常常缺少主动关联销售的工作习惯，一般会强调类目关联不好做或者担心客户对关联推荐没有兴趣。我的英语老师曾这样鼓励我："No matter how many mistakes you make or how slow your progress, you're still way ahead of everyone who isn't trying."意思是不管你犯了多大错误或者进步多慢，仍然远远领先于那些不尝试的人。努力做关联销售最起码有成功的机会，如果不尽力尝试就放弃，那么一切对于你都是难的。

我曾经看过一则关联销售的故事《把汽车卖给一个买鱼钩的人》，通过这个故事，我知道关联销售无处不在，关键在于客服有没有足够的想象力为客户营造出更多的消费场景。

一个乡下来的小伙子去应聘城里"世界最大"的"应有尽有"百货公司的销售员。老板问他："你以前做过销售员吗？"他回答："我以前是村里挨家挨户推销的小商贩。"老板喜欢他的机灵："你明天可以来上班了。等下班的时候，我会来看一下。"

一天的时间对这个乡下来的穷小子来说太长了，而且还有些难熬。但是他还是熬到了5点，差不多该下班了。老板真的来了，问他："你今天做了几单买卖？""一单。"他回答。"只有一单？"老板很吃惊地说："我们这儿的售货员一天基本上可以完成20~30单生意。你卖了多少钱？""300 000美元。"他回答。

"你是怎么卖到那么多钱的？"目瞪口呆、半晌才回过神来的老板问道。"是这样的，"他说，"一个男士进来买东西，我先卖给他一个小号的鱼钩，然后卖给他中号的鱼钩，最后卖给他大号的鱼钩。接着，我卖给他小号的渔线、中号的渔线，最后卖给他大号的渔线。我问他上哪儿钓鱼，他说海边。我建议他买条船，所以我带他到卖船的专柜，卖给他长20英尺（约6米）有两个发动机的纵帆船。他说他的大众牌汽车可能拖不动这么大的船。我于是带他去汽车销售区，卖给他一辆丰田新款豪华型'巡洋舰'。"

老板后退两步，几乎难以置信地问道："一个客户仅仅来买个鱼钩，你就能卖给他这么多东西？"

"不是的，"乡下来的年轻售货员回答道，"他是来给他妻子买卫生巾的。我就告诉他你的周末算是毁了，为什么不去钓鱼呢？"

2．盲目关联

对于关联销售，很多客服还在努力尝试推荐，但是在推荐时得到客户的反馈少，成功的概率不大，久而久之，就失去了自己对关联销售成功的信心。根据很多关联销售案例的分析，我发现客服在关联推荐时常常会有以下几种误区。

1）价格不匹配

在产品关联销售时，客服要考虑客户之前咨询产品的价格，通过价格判断客户的消费能力。比如，客户购买一种50元左右的面霜，想要搭配一种洗面奶，这时客服热情地推荐某品牌200多元的洗面奶，你觉得客户会接受客服的推荐吗？避免盲目关联推荐的第一步，就要考虑产品价格的匹配，搭配的产品要在价格上差距不大才比较合适。

2）属性不匹配

在产品关联销售时，客服要注意关联产品的属性匹配度。比如，一个客户买了几包麻辣味零食，想凑单享受店铺的满减优惠，这时候客服如果主动推荐一种棒棒糖给客户，说这种糖果很甜、口感很好，那么客户可能会笑话这位客服，客户喜欢辣味，而客服推荐甜食成功的概率太小了。要想避免像案例中客服这样的盲目推荐，就要考虑产品属性的匹配。

3）产品不精选

在产品关联销售时，客服要在筛选后再做推荐。某女装店铺的客户购买了一款外套后，想直接搭配好一件打底衫，咨询客服是否有合适的推荐。这时有的客服会连续给客户发一些链接，有的客服甚至把某个产品分类页直接发给客户，这种盲目的关联销售收效甚微。因为你没有真诚地推荐自己觉得真正合适的产品，而是把选择权继续交给了客户。客户因选择障碍，可能就会放弃购买。

4）凭个人偏好

己所不欲勿施于人，己所甚欲亦勿施于人。我曾经在饰品店做客服，当时店铺有一个爆款手镯，店铺需要针对这款手镯搭配几款项链做关联销售，在讨论之后确定了搭配一款造型夸张的项链。我觉得另一个款式更合适大众，就向主管反馈意见，主管没有打击我的积极性，而是把两个方案都设置成关联套餐。在实际的销售过程中，我相信你猜到了结果。主管根据生意参谋的购物数据分析出客户需求，而我只是单纯凭借个人喜好做的关联销售。从这件事之后，在每次关联推荐之前，我都会多询问客户的喜好，按照他们的风格给予推荐，成功的概率大大增加了。

3.4.2 关联销售的策略

想要做好关联销售其实不难，只要掌握关联销售的四个关键策略就会提高关联销售的成功概率。

1. 掌握关联销售的不同形式

1）热销式

在关联销售时，客服会首选热销式的关联。因为热销款的好评数多、曝光机会多、客户接受度比较高，所以推荐成功的概率也会比较大。比如，坚果店铺的碧根果、女装店铺的基础打底衫基本上都是客服会主动关联销售的产品。

2）替代式

替代式的关联推荐是指推荐产品功能属性相近的产品。在母婴类目里，客户很少会选择单件产品，通常的需求都是同款多件。对于宝宝隔尿垫、宝宝吸汗巾这些产品，客服就可以根据宝宝性别推荐不同颜色或者图案的同款产品，进行关联销售。

3）互补式

说到互补式的推荐，最容易让人联想到的就是护肤品。客户购买一个水乳套装，再加购精华液或者眼霜的概率是非常大的，客服这时候就可以通过互补式的关联销售介绍不同护肤品的功能和整套使用的效果。

4）延展式

延展式的产品通常存在一些潜在的关系，比如DIY类目，客户如果想做一本手账，那么在购买一个手账本的同时，会需要制作手账的胶带纸、贴画、小印章等一系列延展的产品。客户不一定清楚具体需要什么产品，这时客服可以做充分的关联推荐。

2. 抓住关联销售的最佳时机

很多新客服在刚开始时，不知道该在什么时候做关联销售。有的时候推荐得早了，客户选择多了，可能会丢失本来要成交的订单；有的时候推荐迟了，客户会说算了，就先买这些吧。什么时候是关联推荐的恰当时机呢？

1）在客户犹豫不决的时候

客服如果判断出客户可能要放弃购买，就可以用一款替代的产品做关联销售，如果客户觉得目前的产品可能不能完全满足他的需求，可能是因为颜色、细节或者价格，客服通过前面的咨询沟通对客户的需求有了基本了解，就可以有针对性地推荐一两款替代产品，这个时候就是关联推荐的合适时机。

2）在客户讨价还价的时候

议价的原则是有条件地让步。关联销售最能体现议价原则，客服以退为进，看似让步，给予客户优惠，但是实际上提高了询单的平均客单价。

客户加好了购物车，咨询客服是否可以优惠，客服在这个时候可以先答应客户的需求："我帮您算一下，看看怎样才更划算。"客服紧接着要提出优惠的条件，并且引导客户达到享受优惠的条件。如图 3-7 所示，"亲，您选购了店铺活动专区的零食，现在有满 188 元减 100 元的优惠，您看是否要加一袋碧根果正好凑够优惠金额，还可以参加店铺的抽奖活动呢。"对于客服这样的建议，客户一般都会欣然接受，这时是把议价变成关联销售的最佳时机。

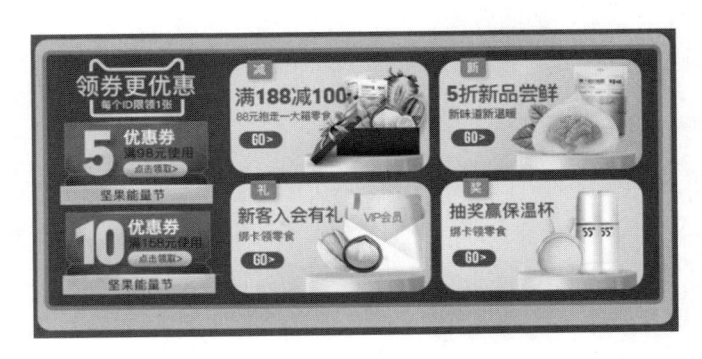

图 3-7 店铺的活动专区

3）在客户支付核对的时候

在下单支付成功时，客服适时地对客户说："亲，店铺现在有一款产品在做新品促销，您要看一下吗？"八成的客户都会回复："发来看一下吧。"因为完成了前期的咨询和购买，客户对店铺客服有了信任的基础，最重要的是客户刚刚花几百元买了一件产品，再相比客服推荐的几十元的产品，在心理上会觉得这是小钱，相对容易做决定。这个时候做一些关联推荐，成功的概率也是比较大的。

3. 清楚关联销售的触发点

客服在掌握到恰当的关联时机后，需要一个关联销售的触发点，找到激发客户兴趣点的内在动机。

1）价格刺激

价格刺激是关联销售中最直截了当的方式，简单地说就是 1+1＜2。对于单件购买可能需要花 300 元的东西，同时下单购买可能只需要花 220 元，省下 80 元，这个时候很多客户都不会再淡定了，本来只想买一件产品，最终却下单了好几件产品。在面对全店购物满三件打 88 折时，能坚定拒绝诱惑的客户屈指可数。

2）条件诱惑

简单的价格刺激不是在所有时刻都管用的，毕竟价格的刺激人人可见。在议价心理分析时我提到过，客户要的是"占便宜"的感觉，就是他独有的那种优惠，在心理上才会有满足感。客服在做关联销售时，可以表达出给客户争取额外的优惠，用这些优惠的条件吸引客户多加购，比如"亲，加购店铺这款新品会帮您升级为用顺丰发货，现在下单明天就可以收到。"

3）情感共鸣

心理账户是行为经济学中的一个重要概念。由于消费者心理账户的存在，个体在做决策时往往会违背一些简单的经济运算法则，从而做出许多非理性的消费行为。（参见《5分钟商学院》一书）

通过对心理账户的学习，我们知道商家要把自己卖的产品放在客户愿意花钱的那个账户中，而客户一般最愿意花钱的一个心理账户就是情感账户，无论是亲情、爱情、友情，都是人们在生活中弥足珍贵的。在服装店铺中会有闺蜜装，我们一起美；会有亲子装，陪你一起长大。再延伸，情侣款的产品更比比皆是了。这些都是通过情感共鸣的方式在原有的消费基础上再关联一份情感消费。

4．关注关联销售的反馈优化

关联销售是必做的工作，但是它并不是一蹴而就的。客服需要不断地收集客户的反馈信息，知道推荐哪款产品客户的接受度比较高，知道那些成功的推荐选择了哪些合适的时机，知道客户对哪种关联的触发点更加敏感。通过客户反馈信息，客服要继续优化自己推荐的策略。客服要从上岗开始就培养主动关联的意识，通过不断的练习、学习掌握关联销售的四个关键策略，掌握关联销售的岗位技能。

3.5 追单催付：完成交易的临门一脚

很多时候，新客服会把追单和催付混淆为一件事。其实这是客服售前服务的两个动作。追单，是指客户进行一系列的产品咨询后，还没有下单购买生成订单，这时客服要积极地"追"；催付，是指客户已完成下单这个动作，却迟迟没有完成支付这个动作，客服就要巧妙地"催"。

我看过一部电影，讲述的是一个金牌销售员的故事。她的口号是"没有我卖不出去的房子"。电影里有个桥段让我印象非常深刻。主人公是房产中介公司的员工，有两位客户在前期沟通的时候都表达了明确的购买意向，可是在最终签合同付款时都犹豫了，两位客户的疑虑分别是：一位是女校正员，勤恳工作，辛苦攒了10年积蓄，担心买了房以后万一有事，没有周转的资金；一位是自由记者，张扬率性，虽有名气，其实并没有稳定收入，担心买房后不能及时还贷款。这时，主人公并没有马上就放弃，很多时候追单成功不是一件稀奇事，但是电影里的主人公竟然用同一个故事，演绎了完全不一样的结局，成功和两位客户签单，让我忍不住拍手叫好。

她对女校正员这样说："以前有一只蚂蚁和一只蝈蝈是好朋友，蚂蚁每天搬运粮食储备过冬的食物，但是旁边的蝈蝈笑话它不知道享受生活。冬天到了，蚂蚁有了足够过冬的粮食，而蝈蝈冻死了。"她用这样的故事赞美女校正员的工作，虽然在常人眼里微不足道，但是一样值得被肯定和骄傲，蚂蚁的勤劳换来了冬天的粮食，她的勤劳工作也一样换来了属于自己的房子。

她对自由记者用同样的开场白："以前有一只蚂蚁和一只蝈蝈是好朋友，蝈蝈每天尽情歌唱，蚂蚁总是埋怨蝈蝈不务正业，但是蝈蝈骄傲地对朋友说，你有真正地歌颂过生命吗？你有对生活歌唱过吗？蝈蝈坚持着自己的歌唱，引来了很多驻足的观众。"听完故事，自由记者很感动，自己不正是不畏强权，报道社会的各种真实新闻，在为生命的真实唱赞歌，活在当下的自己值得拥有这套房子。

当有客服反馈追单很难成功时，我就会向她们讲述这个故事。是追单这个动作没有效果，还是追单的姿势不对，你可能需要再仔细想想。

3.5.1 积极追单

1．追单的重要性

1）减少店铺的流失订单

很多时候主管们的关注点是成交了多少笔订单，这个月的销售额做到了多少元，却忽略了流失了多少客户，错过了多少订单，其实我们可以做得更好。一个店铺的绩效软件数据显示了短短 10 天流失的客户数，如图 3-8 所示。

图 3-8 店铺的绩效软件数据

我们可以简单地做一道计算题，10 天内询单流失 5000 多位客户，按照追单成功率为

10%计算，就是 500 多个订单，按照 50 元的客单价计算，一天就少卖了近 3 万元，一个月少了将近 100 万元的销售额。这是不是非常惊人的数字？有效的追单能降低店铺的客户流失比例。

2）提升客服的询单转化率

影响转化率有三大核心的因素，前面提到的推荐产品、处理议价和追单催付都是缺一不可的因素。如何判断一个店铺的转化率是否有提升的空间呢？可以通过客服的最终付款成功率对比，如图 3-9 所示。同一店铺客服之间的最终付款成功率差距超过了 5%，说明整体客服的询单转化率还有提升的空间。只要客服在追单环节中多走一小步，就会在店铺整体转化上前进一大步。

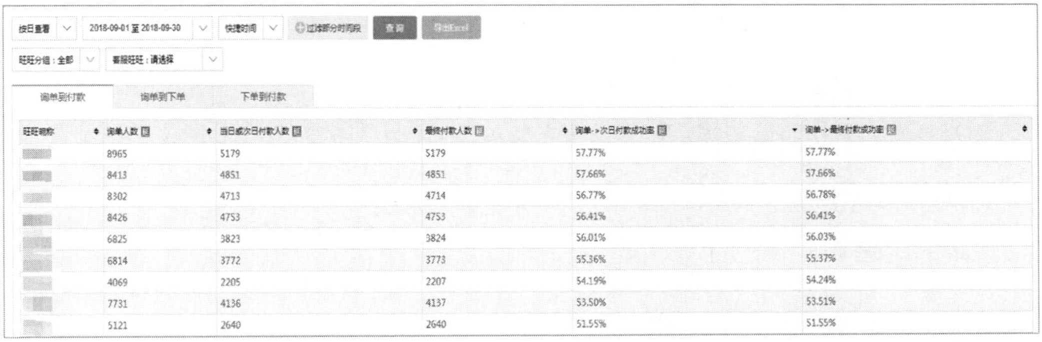

旺旺昵称	询单人数	当日或次日付款人数	最终付款人数	询单->次日付款成功率	询单->最终付款成功率
	8965	5179	5179	57.77%	57.77%
	8413	4851	4851	57.66%	57.66%
	8302	4713	4714	56.77%	56.78%
	8426	4753	4753	56.41%	56.41%
	6825	3823	3824	56.01%	56.03%
	6814	3772	3773	55.36%	55.37%
	4069	2205	2207	54.19%	54.24%
	7731	4136	4137	53.50%	53.51%
	5121	2640	2640	51.55%	51.55%

图 3-9　客服的最终付款成功率

3）提高客户的购物体验

有些客服经常摆出爱买不买的架子，没有热情的服务和专业的解答，如果客户不问就不答，客户转身走了也不追，“客服玩失踪”。客服如果有追单这个动作，虽然不能完全让客户成功的下单，但是最起码表明了积极的态度，让客户感受到自己是受重视的。

2. 追单的现状

虽然大家都意识到了追单的重要性，但是在实际追单中会经常出现以下几种错误方式。

1）错过追单的时机

3.1 节强调了响应时间的重要性，现在的客户如果无法得到即时满意感，就会转身离你而去。追单要趁热打铁，客服要趁客户还沉浸在对产品的美好想象中，推客户一把，帮他下购物的决策，而不要等到半小时、一小时后，客户已走远再去追单，那就太迟了。

2）为了追单而追单

有些客服会给出这样的话术："亲，现在要拍下吗？"在淘宝数以亿计的产品中，客户正好浏览到你的店铺的产品，看过详情页的介绍，还想进一步了解产品的细节才会咨询客服。大家想一想，那一刻客户的购物欲望是非常强烈的，为什么问了那么多问题，最终却没有下单，肯定是某些需求没有被满足，所以客服要有针对性地追单。

3）缺少追单的切入点

有些客服在追单时会有这样的烦恼，客户没有再继续咨询，自己如何引发一个话题和客户聊下去呢？那些优秀的客服的口袋里都装着几个"小白问题"，在关键的时候找到与客户再次交流的切入点。比如，母婴类目的客服在询问孩子的性别、年龄等问题时，客户基本上不会拒绝回答。客服在知道答案后对小朋友的赞美往往会增进与客户的交流。"小白"问题有几个标准，首先与产品相关，其次一定要简单，不要让客户有太多的顾虑，最后"小白"问题最好是封闭式的问题，比如是送人还是自己用，对于类似的选择题，客户会比较容易回答。

3. 追单的策略

在本节开始时讲的电影故事中，我们提到了客服不仅要积极地追单，还要正确地追单。追单成功的关键，是分析客户购买需求和促使其行动的技巧。

1）客户购买的四种需求

（1）产品需求未被满足：客户是纠结颜色还是质疑品质？不管是哪个方面的产品需求未被满足，客服都可以通过二次服务正面解答客户对于产品的疑虑问题，从而达到追单的目的，具体的解决方案，请参考 3.2 节。

（2）价格需求未被满足：产品价格也许超出了客户的心理价位，客服是否能通过心理账户的应用，让客户把所购产品放在最愿意支出的那个心理账户中？具体的议价技巧，请参考 3.3 节。

（3）物流需求未被满足：对于网购来说，物流是不可分割的一部分。客户对物流问题的需求直接影响着他的购物决策，比如客户一定要指定某快递公司，认为店铺选择的快递公司时效慢、态度差。对于物流公司的选择、物流的时效性和到货时间等，商家无法满足每位客户的个性化需求，但是不能满足不代表完全不关注客户的需求。例如，对于客户一定要指定快递公司，客服可以和客户说明合作的快递公司对于货物运输更加安全，平时不合作的快递公司取件会比较慢、费用也比较高，可能需要客户额外支出邮费。客户在衡量得失后，一般会选择接受店铺默认的快递公司，毕竟不需要额外支出费用和承担风险。

（4）情感需求未被满足：在物质丰富的今天，产品在很多时候都承载着功能需求之外的情感寄托。比如，客户购买产品为了送礼，就会让客服放一张贺卡。如果客服直接回绝说没有贺卡，就可能错失一个订单。我遇见过一位这样的客服，在我提出这样要求时他说："非常抱歉，店铺暂时没有贺卡的服务，不过我可以选一张彩色的信纸帮您写上祝福的话，放在包裹里。"聪明的客服在看到客户传递情感的需求时，在能力范围内可以满足客户的需求，就会追单成功。

在追单时，客户没有被满足的需求都应该被客服关注到，客服要根据不同需求给出对应的追单策略。行动是检验真理的唯一标准，客服在追单的过程中，在分析需求之后，关键还是要促使客户行动，给出其拍的指令。

成交方法没有一定之规，有些促单技巧甚至有 50 多年的历史，我们需要选择容易记住和使用的。（《销售洗脑》）

2）客服追单的四种技巧

（1）附加优惠条件。"每个客服一天有 10 个优惠名额，我看您确实很喜欢我们店铺的宝贝，额外赠送给您一张产品优惠券吧，您现在要拍下吗？"当客户下单意愿比较强烈的时候，一个小的折扣就会促使他按下购买按键。

（2）时间紧迫感。在"双十一"期间成交为什么比平时更容易？除了活动价格以外，最关键的是限时的紧迫感。客户如果错过了下单的最佳时机，可能就需要花更多的钱才能购买，没有太多的思考和犹豫时间，只能先下单再说。就算在平常，店铺的促销活动也是不断变化的，每个活动都有一定的期限，而客服就可以很好地利用活动的时效性促单，比如新品上新在 72 小时内打八折，类似这样的限时活动都会提高追单的成功率。

（3）利用沉锚效应。沉锚效应是指人们在对某事做出判断时易受第一印象或第一信息支配。在销售中，怎样用到沉锚效应呢？我先和大家分享一个小故事，故事发生在一个早餐店里，小吴每月比小马的销售额都要高出近一倍，老板很好奇，就去观察小吴是怎么做到的。一天早上，在人来人往的早餐店里，小马这样对客户说："先生，您要一杯豆浆，要加鸡蛋吗？"而小吴热情地招呼着客户："先生，您要一杯豆浆，是加一个还是两个鸡蛋？"看到这里，我就可以理解了，对于第一种问法，客户考虑的是买或者不买，而对于第二种问法，客户考虑的就是少买和多买了，很少有客户会考虑不买。客服要对进店咨询的客户都抱着一种信念，就是客户在店铺里只有买多和买少两种选择，那么在追单的时候说法就会不一样了。

（4）假定成交法则。心理学研究表明，人们在回答问题时如果连续说出三个"是"，那么对于第四个问题回复"是"的概率大大超过"否"。这就是人的惯性思维，在销售中，客服如果可以利用人们的惯性思维，使用假定成交的场景追单，那么往往会事半功倍。

我的微信公众号经常收到"如何应付随便问问而不买的客户"这类的留言。我的回复通常是："只要是咨询的客户，对于客服来说，都是要买的客户，所以不存在应付一说。"你如果不信，那么可以看看下面销售西服的案例。

一位看似随意进店的男士在看西服，客服小马主动迎上去，问客户对于颜色的喜好，客户回复："随便逛逛"。客服往往匆忙地就下判断，这是不买的客户，因为人家问都没问。但是小马继续跟进道："我看到先生都是在浏览蓝色的西服，您是喜欢单排的还是双排的？我帮您拿来试试。"（在千牛右侧的产品区域中，客服同样可以看见客户的足迹，根据客户浏览喜好推荐产品会更加精准。）客户还是继续随意敷衍："先看看。"小马换了一个问题："先生是做什么职业的？"客户客气地回复："职业培训师。"这时候小马就对这个职业进行了赞美，推荐了一套非常合适的西服，并且及时问客户穿多大码。客户在试穿后主动追问："多少钱？"你想一想，在问到价格时，客户是不是有了下单的念头？然后，再用前面的优惠、限时等手法，客户自然就从随便逛逛到了准备下单。

追单是非常重要的工作，很多时候客户并不会直接把需求告诉客服，客服需要在沟通中分析客户的需求，进一步确认客户的需求，从而满足客户的需求，客户总是愿意为自己的需求而买单的。

3.5.2 巧妙催付

虽然现在的购物场景大部分是移动端，客户下单和付款的决策时间都在缩短，但是在后台的订单分析中，还是有超过 10%的客户并不是下单后立即付款，而是继续保持一种观望的态度。如果遇见大促等活动，那么不付款的比例会更大，如图 3-10 所示，店铺在 6 月的销售额为 200 多万元，而未付款的订单金额约为 38 万元，约 13%的下单客户没有完成付款，而这仅仅是询单客户的流失金额。淘宝平台现在的订单系统关闭时间只有 24 小时，如果客服不能在 24 小时内完成催付工作，就真是煮熟的鸭子飞了。

图 3-10　流失金额

1．未付款原因分析

客户都下单了，却没有最终付款，一定是有原因的，要么是主观地不想付款（如图 3-11 所示），要么是客观原因导致了无法完成付款（如图 3-12 所示）。客服在订单催付之前，要先了解客户未付款的真实原因。

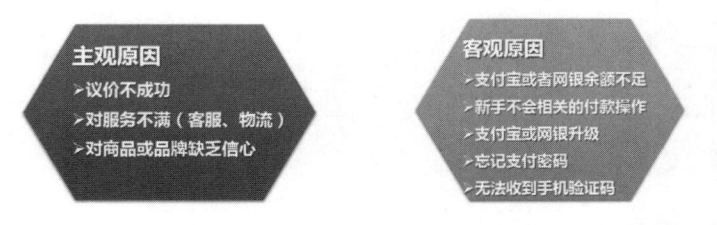

主观原因
> 议价不成功
> 对服务不满（客服、物流）
> 对商品或品牌缺乏信心

客观原因
> 支付宝或者网银余额不足
> 新手不会相关的付款操作
> 支付宝或网银升级
> 忘记支付密码
> 无法收到手机验证码

图 3-11　未付款的主观原因　　图 3-12　未付款的客观原因

如果客户因为主观原因未付款，那么客服需要关注客户的需求，有针对性地给出解决方案。如果客户因为客观原因导致付款不成功，那么客服需要进一步帮助客户，如告诉客户支付宝密码找回的方法或者指导新手客户完成支付的操作。

2. 催付工具的选择

在生成订单后，客服有不同的催付方式，每种方式需要选择不同的工具，对于每种方式的优缺点，我简单地整理如下，以便客服针对自己店铺的情况选择最佳的催付方式。

1）阿里旺旺催付

最直接的催付方式是与客户一对一地催付，这种催付方式是目前催付成功率最高的。客服通过阿里旺旺聊天工具，了解客户未付款的原因，给出解决方案，引导客户完成支付。这种方式的缺点主要是如果店铺的订单量比较大，就会增加客服的工作量，如果客户不在线，也就无法及时收到消息，特别是对于移动端购物的客户，消息是不弹窗提醒的，很容易被客户忽略。

2）自动催付

随着 AI 技术的发展，智能软件在客服工作中应用的场景越来越多。"自动催付"是阿里旺旺工作台里的第三方插件，在店铺设置成功后，会自动对未付款的订单发起催付，这样大大减少了客服的劳动强度，如图 3-13 所示。当然，自动催付也不是完美的，目前还无法提供个性化的催付，只能设置店铺统一的催付话术提示。

图 3-13 自动催付

3）短信催付

自动催付已逐渐替代了传统的催付方式。短信催付一般只针对活动期间大批量没付款的订单，毕竟手机是人们随身携带的，发送短信的到达率会比较高。在发送短信时，客服要注意两个细节：一是文本要简略，在一条短信内编辑完；二是短信内容要以客户姓名开头，在一般软件中都可以插入自定义变量功能，关于自己的消息会更容易引起人们的关注。现在使用短信的最大阻碍就是大多数短信都被手机拦截了，只能沉睡在垃圾短信里。

4）电话催付

电话催付是成本相对比较高的一种催付方式，但是对于高客单价的产品，用电话直接沟通会更加有效，客服能主动了解客户的需求和疑虑，及时给予其积极的回复，通过电话交流，客户可以感到受重视。在电话追单时，客服可以先做自我介绍，并询问客户是否方便接电话，在交流过程中尽量用普通话，最好提前准备好文本，这样简明扼要，不会耽误客户过多的时间。电话交流有时候会被人拒绝，毕竟现在的广告信息太多，所以选择合适的人选和沟通文本非常重要。

3．催付的细节

客服在了解了客户没有付款的原因后，就掌握了催付的方式及工具，还需要注意一些细节工作。俗话说，细节决定成败，有时候细节的忽略可能导致功亏一篑。

细节1：催付时间

催付虽然很重要，但是在催付时间的选择上客服一定要慎重，在不合适的时间即使做对的事情也难以获得满意的结果。客服要根据客户的购物习惯、订单时间，关注客户的生物钟，合理安排催付的时间。例如，对于凌晨下单的客户，客服如果一大清早就追单，估计会被吐槽。如果客户是上班族，那么早上9点左右是最忙的时候，领导会开会布置任务，这个时候客服打电话催付，十有八九会被直接拒绝，而午饭前后是比较悠闲的时刻，这时就合适了。

细节2：催付频率

一般对于未付款的订单，催付越快越好，因为客户还沉浸在购物的场景中，但是绝对不是越多越好。边际效应是经济学里的名词，指在其他投入固定不变时，连续地增加某一种投入，新增的产出或收益反而会逐渐减少。

边际效应在生活中应用的场景很多。你在很渴的时候喝第一杯水会觉得甘之如饴，你再喝第二杯水就会觉得索然无味了，如果再强迫自己喝第三杯水可能就要反胃了。追单也是一样的，刚开始追一次、两次，客户会觉得店铺的客服态度积极、服务热情；如果一个客服频繁使用同一话术反复催付，就往往会适得其反，让客户讨厌。

一般第一次催付在下单5分钟内，这时候成功的概率是最大的；第二次催付为30分钟内，如果客户还在犹豫，就要给客户思考的空间；客服通常还会选择在交接班的时间再次催付，表明对没有完成的交易会负责地移交给同事继续服务；而最后一次催付会选择在订单即将被系统关闭的时候，客服要做友情提示式地催付。

细节3：催付话术

在恋爱时要说情话才能打动情人，在追单时同样需要有灵魂的话术才能吸引客户，个性化的催付话术抓人眼球，促使客户行动，而那些平平淡淡的催付话术经常被客户直接忽略。不同的类目有自己专属的客户群体，催付的话术风格也可以选择不一样。图3-14为我整理的不同类目的催付话术，供大家参考。

快捷短语编码	快捷短语	快捷短语分组
催付	亲，看到您的订单了，小的一直在这儿候着，斗胆烦请小主赶快把宝贝收了吧！让奴婢早日交差，在此谢恩啦！	催付
催付	呜呜，你真的不要我们了吗？赶紧来付款把我们带回家吧！不然又要回到一堆怪叔叔的怀里了	催付
催付	当初拍下时叫人家小甜甜，现在却迟迟不来接我，不是说好要在一起吗？	催付
催付	嗳嗳嗳，撩过宝宝后您就放弃了宝宝吗，宝宝依然在原地等您哦，12点前的订单下午发走哦，您赶快把宝宝领走吧~~	催付
催付	亲爱的，冒着被您吐一脸唾沫星子的风险，丹丹友善地提醒您尽快支付。此物性烈，不侍二主，唯您可用，待您品鉴	催付

图3-14 不同类目的催付话术

细节4：缺少反馈

对于追过但是没有成功的订单，要不要再及时跟进取决于上次催付的结果。比如，客户明确不要了或者客户明确了未付款的原因，在这种情景下，客服就要做好插旗备注，方便后期的跟进。比如，客户已说明银行卡余额不足，明天存钱后付款，针对这一情况，早班客服没有进行插旗备注说明未付款的原因，晚班客服在换班后把未付款的订单都再追一遍。如果你是这位客户，面对客服的催付只会反感，选择忽视消息。客服有时候委屈、抱怨，发给客户的消息明明是已读状态的，为什么客户不理自己呢？因为自己内部的工作衔接没到位，所以客户没有义务再和你说明一遍情况，而且还会留下店铺管理不专业的坏印象，明明说过的事，你都不放在心上。

追单和催付是两个不同的工作，不能眉毛和胡子一把抓。在追单的时候，客服要关注客户的需求，解决客户的疑虑，而在催付的时候，客服除了要看见客户的需求之外，还需要提供更多专业的帮助，促使客户完成支付的动作。

3.6 核对订单：减少售后的必要环节

在订单支付成功后，还有一个容易被客服忽略的工作环节。客服需要对客户的订单进行仔细的核对，核对内容主要包含以下三个方面。

3.6.1 核对产品

对于产品的颜色、尺码、型号，客服都需要和客户再次确认。在订单处理工作中，客服偶尔会发现不一致的情况，比如客户拍下黑色 M 号的产品，却在买家留言里写下黑色 L 号的产品。无论是按照订单发货，还是按照留言发货，都有可能导致不必要的售后问题。

3.6.2 核对地址

网购需要邮寄，收件地址的准确性非常重要，直接影响了客户的产品签收。店铺总有一定比例的售后问题是要求更改地址信息，比如，"我已搬家了，那是原来的地址"。这些售后问题本来都可以被避免，在订单支付后，客服要进行地址的核对。如果无须修改，那么可以体现我们服务的细致和认真；如果需要修改，那么更能提高客户的购物体验，还好有客服提醒，否则发错了又要多贴邮费。

3.6.3 核对物流

中国地域辽阔,除了中国邮政之外,其他快递都不能覆盖全国,特别是对于一些城镇的收件地址,物流核对工作必不可少。一旦超出派送范围,要么客户自己跑很远取件,路费都超过产品价格了;要么要退回或者中途转发其他快递公司,耽误客户的收货时间。

如果售前客服多问一句话,售后客服就可以少做十件事。很多售后问题其实都是售前工作不到位留下的隐患。核对物流恰恰就是售前客服要记得说那句话。

3.7 礼貌送客:为下一次的成交做准备

在客服岗位中,有个不成文的规定是最后一句话要由客服发出。不管成交与否,客服都应该与客户告别。

3.7.1 与未成交客户的告别

俗话说,买卖不在交情在。与未成交客户告别更能体现一个商家的格局。我有一次购买了一件衣服,在申请售后结束后,商家发来一条消息,表达了这次没有成交的遗憾,希望我继续关注并支持店铺。当我看见这条消息时,我默默地把店铺收藏了,觉得如果有需要,还是会再次来这个店铺选购的。对于没有成交的客户,客服也可以表达出感谢光临,发出关注店铺微淘或者收藏店铺的邀请。一旦客户关注了店铺,不管是微淘消息还是淘宝直播,产品还会重复地曝光在客户眼前。客户这次不购买,并不代表未来不购买。

3.7.2 与已成交客户的告别

1. 服务评价

现在整个天猫的评价系统都在打造客户购物的体验指标,客服在与客户告别时,一般会发出邀请,如图 3-15 所示,邀请客户为本次服务做出评价。这个评价系统可以督促客服在整个服务环节中始终把服务第一放在重要位置。服务质量提高了，客户的购物体验自然就提高了。客户的购物体验好了，订单成交的比例也会大大增加，所以服务是一切销售的关键。

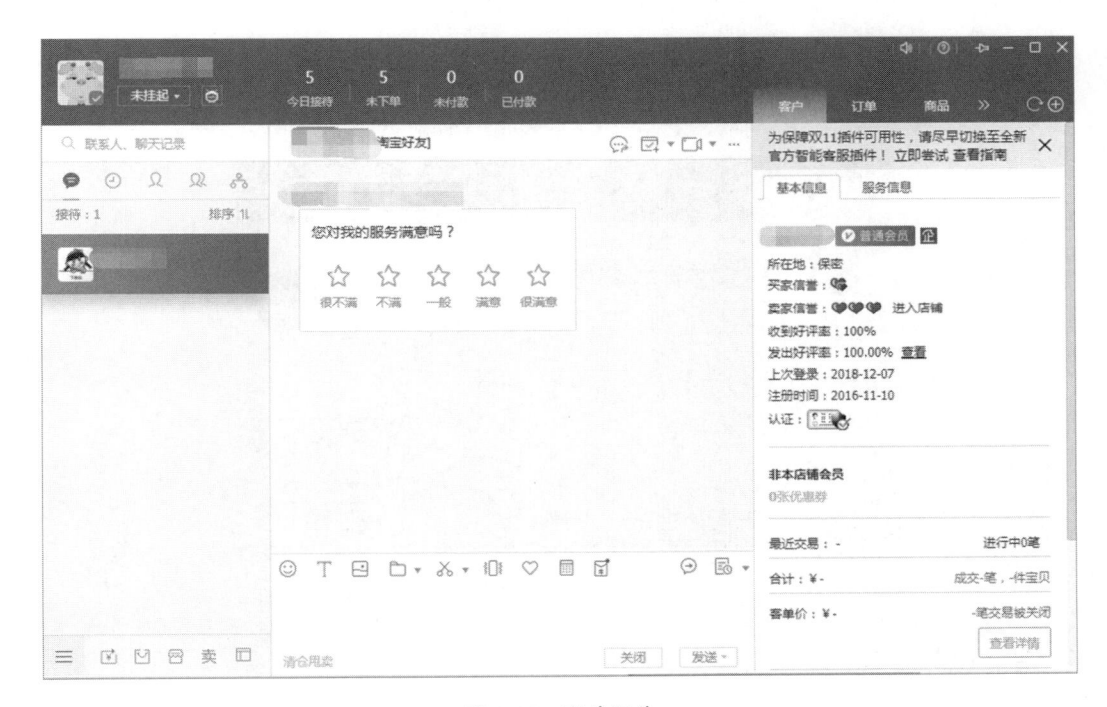

图 3-15　邀请评价

2．提醒售后

店铺的品质退款率是按照客户第一次申请的退货理由计算的，如果客户选择了产品质量方面的退款理由，就会直接影响全店的星级分数。客服如果做店铺数据的维护，那么在售前就要做好预防工作，在与客户告别的时候，可以友情地提醒客户，店铺是支持七天无理由退换货的，在物流、签收或者使用过程中，客户有任何问题都可以第一时间联系客服解决。有了这样的提醒，当遇见问题时，大多数客户会先和店铺沟通，而不会随意申请退款。

3．邀请入群

前文提到，店铺追求的是客户的终身价值。对于交易成功的客户，客服要及时维护，把他们纳入老客户系统，做日常的维护和二次营销的储备。现在店铺都有专属的粉丝群，客服在和客户告别的同时，可以发出邀请，如图3-16所示，告诉客户群内有针对粉丝的优惠和活动，客户一般都会乐于参与。

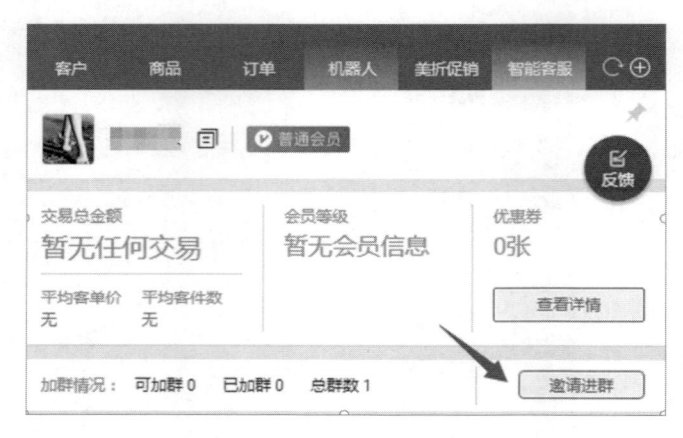

图3-16　邀请进群

4．专属服务

如果入群邀请是VIP，那么专属客服邀请就是VVIP了（如图3-17所示），客户在拥有了专属客服以后，再进店咨询，系统每次都会指定同一个客服提供服务，并且在店铺上新或者有其他优惠信息时，客户的手机淘宝页面都会有浮现窗口提醒，客户可以在第一时间获得店铺信息。客服工作的时间越长，积累的老客户资源越多，每月的销售业绩越会成自然增长趋势。这样的专属分配可以让客服对老客户的维护积极性提高。

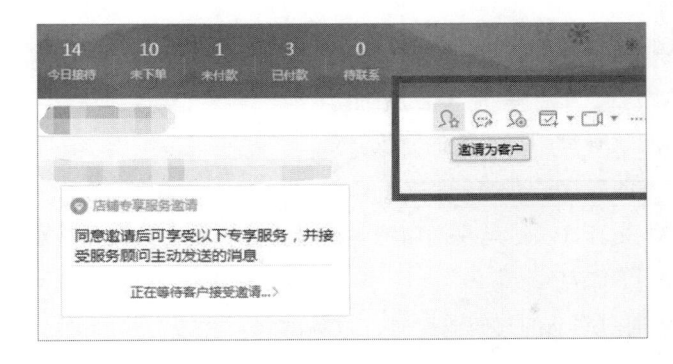

图 3-17　专属客服邀请

在告别客户后，售前服务的流程就结束了。在整个服务过程中，客服可能会用到销售技巧，会分析客户的心理，但是归根结底，做好服务的关键还是客服的服务意识。客服要换位思考，站在客户的角度考虑问题。优秀的客服不是一味地推销产品，而是关注客户的需求，为客户提供其所需要的服务和产品。

本章小结

本章对客服的售前服务流程进行了详细的阐述，客服销售成功的核心就在于能为顾客提供极致的服务体验，所以本章针对在每个服务环节中客服需要掌握的服务规范和服务技巧，通过大量的接待案例，进行了场景还原，让客服可以直接借鉴到自己的工作中，优化售前流程中的服务细节。客服只要灵活应用书中的销售技巧，就能提高自己的服务质量和销售能力。

本章习题

1. 选择题

（1）首次响应的重要性有哪些？

　　A. 拉低搜索权重　　　　　　B. 增加流失比例

　　C. 降低购物体验　　　　　　D. 增加售后风险

（2）在客户咨询库存问题时，下面哪种回复更合适？

  A. 有货的

  B. 能拍的就有货，不能拍的就没有货

  C. 页面上的库存是准的

  D. 亲，眼光真好，这是我们店铺卖得最好的一款宝贝，您需要哪个颜色？我帮您确认一下库存

（3）在客户咨询户产品的尺码问题时，哪种回复不合适？

  A. 亲，可以参考详情页的尺码表

  B. 亲，您能提供身高和体重吗？我帮您参考一下尺码

  C. 亲，根据您的身高和体重，建议选×码，您也可以根据自己平时穿的尺码选择

  D. 亲，您穿 M 码就可以，如果您喜欢宽松的风格，也可以选择 L 码

（4）在关联销售时，常见的错误有哪几种？

  A. 价格不匹配

  B. 属性不匹配

  C. 话术不合适

  D. 产品不精选

（5）以下哪条不属于客服追单的技巧？

  A. 附加优惠条件

  B. 限时紧迫感

  C. 承诺客户法

  D. 假定成交法

2. 判断题

（1）有条件让步是处理议价问题的原则。

（2）客户在议价时只是一味地想占便宜。

（3）替代式关联销售是客服在关联推荐时常用的一种方式。

（4）催付工作只是客服工作流程中一个可有可无的步骤。

（5）在核对订单时，客服只需要核对客户的地址就可以了。

第 4 章

售后客服

如果把传统商业流程划分为交互、交易、交付三个基本环节，那么在传统的营销实践中大部分企业基本上是重视交易、适度交互、轻交付。在线下的购物场景里，客户通过和导购的沟通实际上已经完成了交互和交易，消费者在付款前已充分了解了产品的特点和性能等，确认了其价值。但电子商务恰恰重置了这个流程。在线上交易过程中，在产品抵达客户手中之前，客户是通过图片、文字及售前客服介绍获取产品信息的。也就是说，客户从拿到产品的那一刻起，和产品的交互体验才刚刚开始。传统意义上的售后服务指产品出售以后商家所提供的各种服务活动，那么从电商层面来讲，售后服务除了指传统意义上的售后服务之外，本身也是一种促销。好的售后服务不但可以提升在整个交易过程中客户的满意度，而且可能是下一次交易的美好开始。

4.1 售后服务的重要性

如果将一家电商公司或者一个电商团队比作一支军队，那么老板是统帅，美工部门是军火库，运营是作战指挥官，而客服就是前线的战士。

大部分客服的售前准备面面俱到，售中服务完美无瑕，售后服务聊胜于无，恨不得在交易完成后和消费者永远没有关系。这种思维在当前及今后的电子商务市场上注定是没有发展前途的。从目前电子商务的传播和普及来看，所有商家对流量的需求都是欲求不满的。你在拥有了精准的流量后如何去抓住它？你的售后服务起到了决定性的作用。在未来的电子商务市场中，售后服务注定是市场营销的重要环节，是电商发展的生命所在。

4.1.1 提升客户的满意度，获取优质口碑

从品牌层面来看，好的售后服务是消费者把品牌价值统一的重要措施。品牌价值=产品价值+体验价值+消费者感知价值。在电子商务交易环节中，产品在交付消费者之前，消费者只能感知到产品价值，而对产品价值的体验和确认却发生在交付产品之后，这时售后服务承担着把消费者对产品的价值感知与价值的体验和确认统一起来的责任。因此可以说，售后服务是在电子商务交易模式下品牌价值的维系者。另外，良好的售后服务本身也会产生产品溢价。在产品极其丰富，并且同质化日益严重的电子商务时代，消费者具有绝对的

博弈优势。在电子商务环境中，比价系统极其发达，电子商务企业已经不能只凭产品本身价值就可以胜出，良好的售后服务体验才是决胜的法宝。从电子商务实践来看，良好的售后服务本身也具有交易价值，消费者为优质的售后服务体验多付出费用是可以接受的，这就是同样的东西别人能多收"三五斗"的原因所在。在整个线上交易过程中，在售前、售中，包括物流等环节经常会发生一些难以避免的事情。当这些事情发生时，客户的满意度有可能会降低。如果售后服务不到位，直接带来的就是 DSR 评分的降低、店铺的负面评价增加，以及投诉纠纷率有可能会上升，严重的还会影响到品牌及企业形象。在互联网传播速度如此之快的今天，口碑已经成为品牌企业和店铺的重要命脉之一，维护口碑就变得特别重要了。客服做售后服务是为了让客户不满的情绪在前端得以发泄及缓解，先处理心情，再处理事情，给客户一个尽量完美的体验。售后服务做得好，客户满意度会高，DSR 评分也就会高，如图 4-1 所示。

图 4-1　客户满意度高的 DSR 评分图示

4.1.2　提升复购率

很多客户在首次购买产品后，由于在整个购物过程中出现了不满意的体验，从而导致不会复购产品，严重的还会对其不满意体验进行传播。在电子商务交易过程中，如果客户出现了不满意的体验，一般来说，首先想到的是在线售后客服。这时，在线售后客服就起到了至关重要的作用。对于很多交易来说，客服不但解决了前期产生的不愉快，还和客户有了更深入的接触，甚至可以把对店铺有过不满情绪的客户转化为店铺的重要客户。因此，做好售后服务可以提升客户的复购率，如图4-2所示。

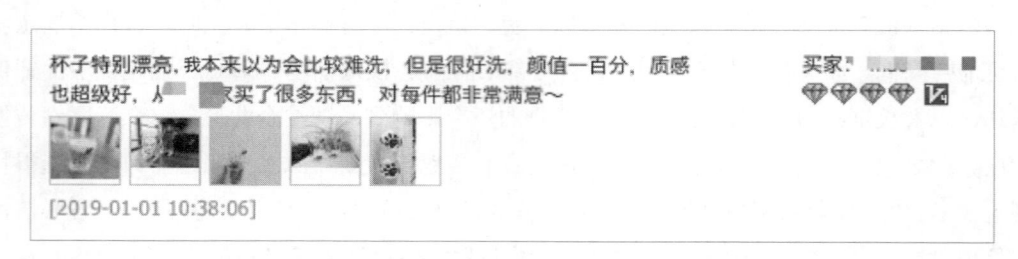

图 4-2　做好售后服务可以提升客户的复购率

4.1.3　降低店铺的负面影响

如果客服没有进行有效的售后服务管理，就有可能导致店铺被降权、产品被下架、店铺被扣分、店铺被限制参加活动、店铺被屏蔽等，严重的话，还会导致店铺被封。因此，在线售后客服承载着整个接待过程中的沟通和交易完结后跟踪服务把控的重要使命。只有售后服务把控好，才能使店铺规避风险，把负面影响降到最低，从而提升客户的满意度。

4.2　售后服务管理

一个运营良好的店铺背后一定有一套完善、科学的售后服务体系。一般的售后服务体系包含如下几个环节：接到售后问题—了解原因—安抚客户情绪—沟通协调—达成共识—后续跟踪。各个环节环环相扣。

4.2.1　查单、查件

售后服务的工作范畴应该有准确的界定。在通常情况下，从客户完成付款动作那一刻起，后续发生的一系列围绕客户满意度的工作就被定义为售后服务的开始。大多数客户在完成付款后，尤其是女性客户会对物流产生一系列问题，即通常所说的查单、查件。行业内把与物流相关的一系列问题分成如下几个方面。

1．未发货状态

客户在付款完成后，经常会向客服咨询如下问题：①什么时候发货？②发什么快递？③几天可以到达？……

客服在日常销售和工作过程中，有必要整理一套标准的与物流相关的话术，以便在客户问起上述问题时快速地回复。

2．等待客户收货

在卖家发货后，快递在运送途中或者已经抵达消费者手中时，经常会出现各种与物流相关的问题，导致客户必须向在线售后客服进行咨询。常见的引起查单、查件的售后问题如下：

（1）快递显示已经签收，但并非本人签收；

（2）疑难件无法派送；

（3）超区件无法送达；

（4）自然灾害等不可抗力；

（5）节假日及特殊活动导致派件时间延长；

（6）快递丢失或破损。

当在线售后客服遇到客户因以上问题而产生疑虑或者不满时，应该如何解决呢？

专业客服首先需要摆正心态。很多客户只是对不懂的、不清楚的问题进行咨询，客服需要耐心倾听、快速反应，打消客户的疑虑，并帮助客户解决物流产生的具体问题。这是客服的基本素养。针对上文中提到的常见问题，我们逐一分析应该如何解决。

第一，对于快递显示已经签收，但并非本人签收的情况在整个线上交易过程中出现的频率较高，有可能是快递送到了物业、门卫那里，也可能是由于收件人在快递派送的时间无法签收而由其他人代签收了。当碰到这种情况，客户向在线售后客服咨询时，在线售后客服首先需要表明负责的态度，向客户说明这是常见的问题，然后积极地联系快递公司，查询实际收件人，并向客户做出反馈（短时间内处理不好的可以用表格记录，并持续跟进或者交由早班或晚班同事跟进）。

第二，疑难件无法派送也是常见的物流问题之一。在快递派送过程中，联系不到客户、地址错误等原因会导致没有办法派送快递至客户手中，而客户由于长时间收不到快递或者查看物流状态显示为疑难件，便会咨询客服。当碰到类似情况时，客服就要注意及时收集客户的更新信息，比如确认手机号码、核准收件地址，以及明确可收快递时间等，并及时反馈给快递公司，督促其及时送件。

第三，超区件无法送达。有些客户所在地相对偏远，没有设置物流配送服务网点，未开通快递送货上门服务，在这种情况下如果出现售后问题，就需要确定以下细节：①是否可以加钱送货或转其他快递。如果可以，为了提高客户的满意度，就可以选择这种方法解决问题。②客户是否可以自提。在路途不远的情况下，客服可以和客户协商解决。特别要注意的是，在做售前服务工作时，客服必要注意核对快递是否可以到达所寄地址。

第四，自然灾害等不可抗力。洪水、暴雪等气候原因造成的特殊情况属于不可抗力情况。当出现这种非人为因素造成的不能及时派送快递情况时，客服一方面要密切关注事态的发展，另一方面应当及时和收件人取得联系、说明原因，并把最新动态共享给客户。如果确实非商家能解决的，客服就应该努力寻求客户谅解，并跟进最终的解决处理方案。

第五，节假日及特殊活动导致派件时间延长。在整个电子商务"节日"期间，如在"双十一""双十二"等规模较大的促销活动期间，在短时间内会产生大量的产品交易，经常有快递爆仓现象发生，客户有可能咨询比预期晚到达的快递问题。客服应该如实回答快递未按约定时间到达的原因。当然，售前客服更应该在节假日及特殊活动期间做好提醒工作，降低售后服务的压力。

第六，快递丢失或破损。快递公司或者第三方不可控因素导致快递在运送过程中丢失和破损等也是经常遇到的情况。客户在遇到上述情况而进行咨询时，容易出现急躁不满的情绪，这时客服需要先安抚客户的情绪，倾听客户阐述，然后及时与快递公司确认情况。如果情况属实，客服就需要及时回复客户，并做好后续的补救工作。

4.2.2 退款、退换货

在整个售后过程中，在线售后客服经常需要做的工作就是向客户道歉。一般来说，在线售后客服往往在为他人道歉，为之道歉的对象既有物流公司，又有快递派送人员，还有可能是售前客服遗留的工作。因此，售后服务人员在做任何售后工作之前都需要先调整好自己的心态，需要明白道歉不等于有错。只有调整好自己的心态，才能做好店铺的售后服务工作。

退换货要根据店铺是否包邮或客户订单是否有运费险，由于快递原因或发货不仔细导致的退货如果有运费险存在，就需在收到退货以后补偿运费险理赔不足的运费给客户。如果是非质量问题的退货，就需要让客户先垫付寄回运费，在收到客户退件以后，补偿客户运费。

以上是产生售后问题的主要原因，接下来我们重点梳理在售后过程中经常会出现的退款、退换货环节有哪些关键点需要特别注意。一般来说，退款和退换货环节需要注意的问题可以分成以下几个部分。

1．了解退款和退换货的原因

在电商范畴内，如果想从根本上杜绝退款、退换货现象，从理论上来说是不可能的，电商能够做的是最大限度地减少退款、退换货概率，或者提升客户在退款和退换货环节的体验，从而降低客户的不满情绪。如果要做到这一点，在线售后客服就首先要了解客户退款、退换货的原因。一般来说，退款、退换货的原因有以下几个。

1）物流原因

对于物流原因，前面已经进行了简单的分析。一般来说，造成退款、退换货的具体物流原因主要有逾期不达、货品丢失、产品破损、物流服务等。

特别值得说明的是，在千牛工作平台中，有异常物流提醒的查看位置。为了减少因物流而产生的售后问题，在线售后客服需要特别注意此处，需多频次查看，并及时关注物流信息。

2）产品原因

除了物流原因引发的售后服务之外，另一个最常见的售后服务问题来自产品本身。好的产品是一切的基础，产品本身质量过硬确实能减少售后服务的成本。很多售后服务人员因为产品本身的问题承担了很大的压力而心生抱怨，正确的心态应该是意识到售后服务本身也是产品的一部分。在售后服务过程中，与产品本身相关的主要问题，一是产品的质量问题，二是与使用方法相关的问题。

3）客户自身的原因

客户自身的原因有突发事件或者临时有事，例如出差收不到货物、在下单后没多久朋友就送了购买的产品。

关于产品的质量问题，消费者产生最多的疑问有以下几个。

第一，产品的保质期问题。在整个线上交易过程中，产品的保质期与详情页更新会出现时间差的情况，从而导致保质期信息没能及时在详情页中更新，其结果往往是客户收到的产品的保质期与描述页面有出入。对于这种情况，一些敏感型客户会向客服询问，案例如图4-3所示。

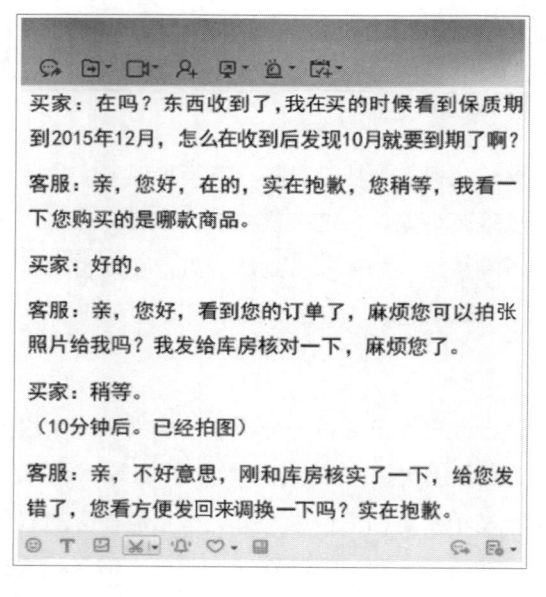

买家：在吗？东西收到了，我在买的时候看到保质期到2015年12月，怎么在收到后发现10月就要到期了啊？

客服：亲，您好，在的，实在抱歉，您稍等，我看一下您购买的是哪款商品。

买家：好的。

客服：亲，您好，看到您的订单了，麻烦您可以拍张照片给我吗？我发给库房核对一下，麻烦您了。

买家：稍等。

（10分钟后。已经拍图）

客服：亲，不好意思，刚和库房核实了一下，给您发错了，您看方便发回来调换一下吗？实在抱歉。

图4-3 保质期问题产生的售后服务咨询案例

第二，产品材质与描述不符或有色差。因为前期的图片处理原因、描述文案的特性，以及客户显示器等问题，导致客户收到的产品与预期不符，价值认知产生错位，同样会导致退款、退换货问题。

第三，收到的产品有污损。在现实工作中，即使再严苛的出场检验，也会有一些意外因素，进而可能出现一定概率的污损问题。因为这种情况而导致退款、退换货的比率极高。

对于产品质量问题产生的退款、退换货，客服需要保持良好心态，主动、热情地和客户沟通，解决问题，还要注意让客户提供照片或者其他形式的证据，这些将是解决售后服务问题的关键细节。

除了产品原因以外，客户还会因为对产品的使用方法不了解而产生退款、退换货，主要有以下几种情况。

第一，对基础使用方法不了解。部分卖家出售的产品属于功能性或者新奇特的产品，由于详情页的介绍不够完整或者新奇特产品（包括代购产品）没有中文介绍，导致一些客户在收到货物后不能在第一时间掌握其使用方法，他们会向客服进行咨询，如果未得到及时回复，就可能引发退款、退换货。

第二，没有注意到特殊性产品使用的注意事项。有的产品本身存在特殊性，如果在详情页中没有特别标识或者客服没有进行提醒，客户就会按照"我以为""我觉得"的做法操作，导致使用后产生一些不良结果。

特殊性产品使用的注意事项案例如图4-4所示。

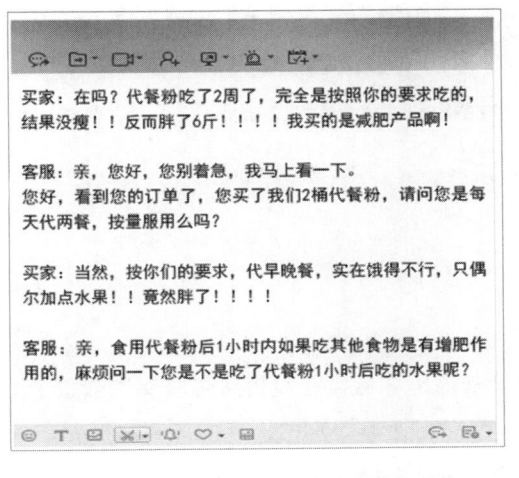

图4-4 特殊性产品使用的注意事项案例

对于上述因为使用方法而产生的售后问题，客服在处理过程中需要注意：①客服要对产品的相关知识熟练掌握；②对于特殊的使用方法和不容易被客户理解的使用方法，在完成交易时，客服可以主动向客户讲解，以免客户在收到货物后不懂产品的使用方法而产生售后问题。

4）主观原因

除了对物流和产品本身不满以外，一些客户的主观判断也会产生退款、退换货问题，比如，对交易过程中客服的服务态度不满、对收到的产品不喜欢、拍错了号码或颜色等。当遇到这些问题时，客服能做的就是引导消费者讲清事实，并且可以从退款、退换货的角度引导客户换货或者转让产品，从而降低退款率、退换货率。

引导客户换货案例如图 4-5 所示。

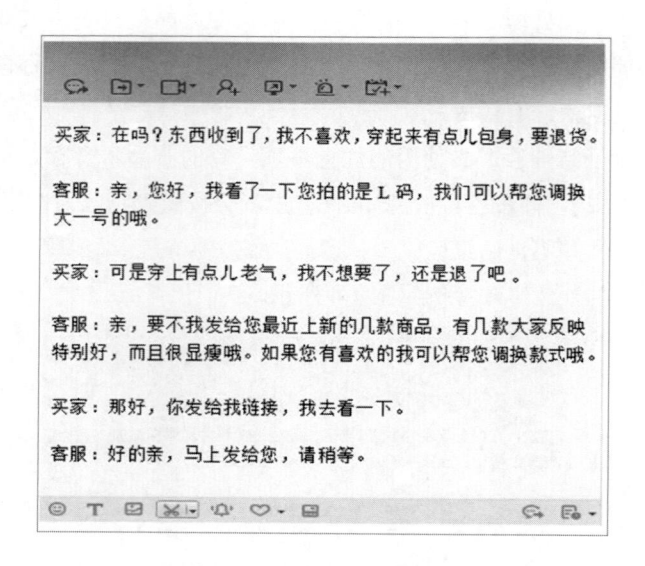

```
买家：在吗？东西收到了，我不喜欢，穿起来有点儿包身，要退货。

客服：亲，您好，我看了一下您拍的是 L 码，我们可以帮您调换大一号的哦。

买家：可是穿上有点儿老气，我不想要了，还是退了吧。

客服：亲，要不我发给您最近上新的几款商品，有几款大家反映特别好，而且很显瘦哦。如果您有喜欢的我可以帮您调换款式哦。

买家：那好，你发给我链接，我去看一下。

客服：好的亲，马上发给您，请稍等。
```

图 4-5　引导客户换货案例

2. 细节确认

在了解了退款、退换货原因之后，在线售后客服要注意整个退款及退换货环节的细节问题。只有把控好细节，才能减少整个环节出现的问题和损失。

一般来说，需要注意的细节分成如下两个部分。

1）退货细节确认

在交易订单发生退货问题时，在线售后客服首先要注意产品的状态，在这里有两点需要特别确认：

第一，不影响二次销售的产品。在退货前客服要和客户确认需要退回的物品是否影响二次销售,包括但不限于是否剪标、洗过、已经使用等,此处要根据产品的特性确定。对确定不影响二次销售的产品,可以直接走标准退货流程(具体步骤请看后面的后台操作执行流程)。在收到退货后,需要检查产品的完整性。

第二,影响二次销售的产品。对于一部分客户的退货产品,在退货前,客服若发现影响二次销售则不能进行退货,这时候在线售后客服要注意安抚客户的情绪,讲清处理缘由,尽可能地满足客户的需求,提出处理意见。同时,客服还要做到特殊事件特殊处理,如果确实是产品的问题,就应该按照店铺的特殊情况处理,特批处理,目的是提升客户对服务的满意度,同时也弥补给客户带来的不便。

我们以前碰到过一个客户,由于快递公司发货网点自身的问题导致产品发不出去,在未告知我方的情况下更换了网点及快递单号,导致一个星期都没有物流信息,后来客户找到了售后客服,客服在得知情况后安抚了客户的情绪,在联系了快递公司以后发现了真实情况,在这个时候一定不要像踢皮球一样地把责任推给快递公司。我们在第一时间打电话与客户沟通,在阐述清楚情况以后当天用顺丰给客户补发了产品,提供了快递单号,并且承担了邮费,之后又补偿了客户 50 元的优惠券。最终,客户在第二天就收到了我们补发的产品。这位客户至今仍然是我们的忠实客户。

在线售后客服与客户核实好以上退货注意事项后,需要继续确定与物流相关的问题,其中比较敏感的是谁来承担退货运费的问题,以及快递选择问题。在一般情况下,客服会给出推荐的物流公司及基础运费提示,如果需要卖家承担退货运费,那么在沟通时要说明垫付运费及运费到付拒签的相关提示,以免因为客户对物流不懂而造成后续交易不愉快。

退货细节之物流相关确认案例如图 4-6 所示。

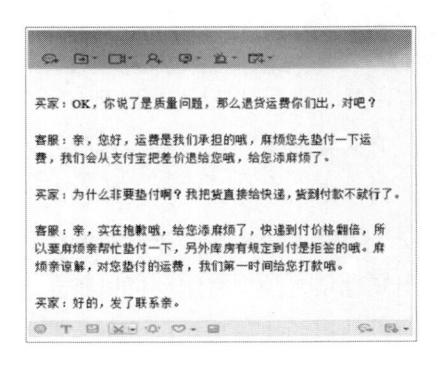

图 4-6　退货细节之物流相关确认案例

2）退款细节确认

在交易发生退款问题时，客服需要注意退款的形式是全额退款还是部分退款。全额退款多数发生于客户未收到货物的情况，客服需要注意跟踪货物状态，与物流公司保持联系，避免钱货两空；部分退款多发生于货品有差价需要返还，或者客户收到的产品有问题需要补退差价的情况。在线售后客服需要注意申请款项所选择的原因，并且还要注意在整个售后过程中是否出现了客户垫付某项款项的细节，如果有垫付发生，就需要及时联系沟通，并确认打款账号。

3. 后台操作执行

由于产品、服务和客户喜好等原因产生退换货的，客服在了解了退换货原因，并且确认了退换货的细节后，就要在网店后台做退换货处理。及时、合理的后台操作不但可以提升客户的体验，避免售后纠纷，而且还可以减少售后问题对店铺的影响。

1）退换货

（1）退货。当客户需要退货时，其基本操作方法：客户需要在后台的"已买到的宝贝"中选择对应的订单，申请退货。在客户完成退货操作后，卖家的千牛客户端会有系统消息提示。为了避免漏掉对应的信息，导致延误处理，进而引起售后纠纷，并最终导致客户给店铺负面评价，客服需要在千牛工作平台或者卖家中心的"客户服务"选项中查看退款管理位置，并及时自查店铺的退货申请，给出相应的解决方案。

对于已经产生的退货申请，客服一般有两种处理结果：一是同意退货，给客户解决方案，并且处理对应的退货申请；二是拒绝退货。当然，客服在拒绝时一定要提前联系客户进行协商，避免产生不必要的麻烦。

客户在后台发起退货申请，自申请之时开始，在线售后客服将有 5 天的时间在后台做出相应的处理。当然，为了提升店铺服务，在线售后客服的处理速度越快越好。客服在卖家后台退款管理位置可以点击同意退货，并且同步发给客户准确的退货地址。如果客服发出的退货地址有误导致了丢货、货物无法到达、货物被派送到错误地址、货物被人误签等损失，需由卖家承担。除了退货地址之外，客服还可以在同意退货的备注位置或者通过千牛联系客户，告知客户退货可以使用的快递公司，以免客户选择错误或者成本较高的快递公司导致退换货成本增加。

在客服同意，并且客户收到系统提示后，客户就可以退货给卖家了。同时，客服需要提示客户联系可以到达卖家所在地的快递，发出要退货的产品，并且客户需要在后台填写对应的退货物流单号，待客服确认收到货后，就可以在后台操作已经收到退货，并同意退款。在完成上述操作后，退货流程全部结束。

在整个退货过程中，客服需要注意以下几点。

① 需要提示客户选择快递的注意事项，尤其是避免快递到付导致运费翻倍。

② 提示客户把退货交给快递公司后，务必保存快递底单。保存快递底单的目的一是用来填写退货物流单号，二是避免当快递未按预计时间到达时，可以及时与快递公司联系，避免中途因为快递出现问题给双方带来不便。

③ 对于客户没有填写退货物流单号，但是客服已经收到的退货，客服也可以在后台直接点击已经收到货，同意退款。

④ 客服需要清晰地了解退货险的索赔方式，以免购买了退货险的客户在进一步咨询时，客服对专业的问题无法回答。

（2）换货。对于客户有意换货的情况，处理方式有如下两种。

一种是由客服在沟通时引导客户直接申请退货，重新拍下一件想要换的产品。卖家及时发出新品，并等待客户寄回要退的产品。对于此种方式的换货处理，操作流程与上面提到的退货处理流程相同，即客户寄回产品，客服确认退款。

这种方式比较适合已在淘宝购买过多次产品的客户。该方法节约了整体的换货时间，客户可以在最短的时间内收到合适的产品，从而避免时间拉得过长，并最终导致客户改变购买意向。

另一种是由客服在订单中备注换货，指导客户寄出想换的产品，并在退货包裹里面加换货信息卡。此种方式需要客户在信息卡上注明客户ID、订单编号以及换货明细，并且要留下换货退回产品的物流单号，以便客服可以及时跟踪所退货物的物流信息。卖家在收到退货后，由仓库发货员做换货登记，并且发出要换的产品。仓库发货员在发货后，需要把对应的换货信息和物流单号反馈给客服，由客服将新发出的单号留言告知客户。待客户收到货物后，客服需要及时跟进，在明确没有问题后，引导客户给予好评，从而完成换货的整个售后服务流程。

在整个换货过程中，以下几点需要特别注意。

① 对于库存紧张的产品，如果需要换货，就需要在查明库存后回应客户，并且预留客

户确认换货的产品，从而避免所换货物因为脱销而造成无法换货给客户的情况。

② 如果换货时间较长，客服就务必要记得延长客户的收货时间，以免客户因为收货时间即将到达而产生不必要的恐慌。

退换货流程如图 4-7 所示。

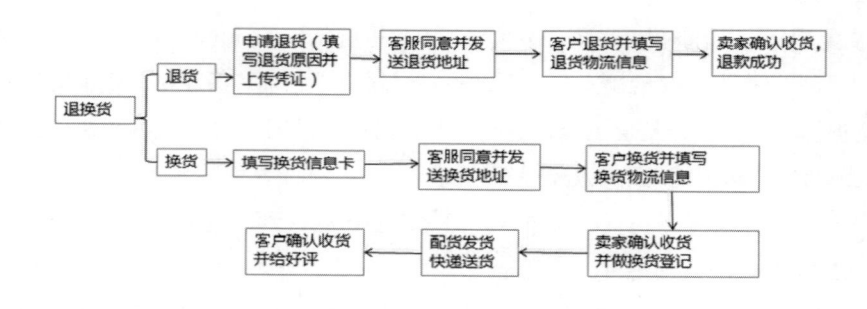

图 4-7　退换货流程图

2）退款

在电子商务交易的售后过程中，引起退款的原因一般是少发、漏发、快递中途丢件、产品有损坏、未收到货物，以及产生差价等。不管是哪种原因引起的退款，客服都需要第一时间与客户沟通，明确原因，并给出解决方案。

如需退款，客户需要在后台申请退款，客服在确认金额以及退货原因无误后即可同意退款。需要注意的是，客服在引导客户申请退款时，需要特别注意全额退款和部分退款的区别。

（1）部分退款多发生于少发、漏发、产品有损坏，以及产生差价的情况。对于这种情况，客户需要在申请退款时选择已经收到货物，申请部分退款，并且申请金额应与和客服协商完毕的金额一样。客服在后台确认无误后即可同意该退款，款项到达客户账户。

（2）全额退款多发生于客户未在约定时间内收到货物，或者货物在运输过程中遗失，而卖家又不具备补发条件的情况。客户在操作全额退款时，需要选择未收到货物，申请退款，客服在后台确认无误后即可同意该退款，款项到达客户账户。

另外，在很多情况下，客户在申请退款时没有与客服取得联系，而是直接在后台申请退款，并且在申请退款订单中没有说明原因或者上传对应的凭证。对于这种情况，客服需要及时与客户取得联系，而不要随意拒绝客户的退款申请。如果联系不上客户，在线售后客服可以在拒绝时填写拒绝原因，并注明客户需要配合的方式，表明处理态度，并上传对应的凭证，再拒绝退款。

在申请退款的情况中，有一种情况是客服与客户取得联系后，双方达成共识，客户确认取消退款。对于这种情况，客服可拒绝客户之前在后台发起的退款申请，备注清楚拒绝原因。同时，客服也最好上传和客户协商的阿里旺旺聊天记录。另一种情况是客服在与客户取得联系后，客户申请退款信息有误，需要修改退款申请，那么客服可以引导客户在后台按照提示修改成正确的退款申请。

需要注意的是，一旦客服拒绝退款，客户就有权要求淘宝小二介入，小二介入后若判定为卖家的责任，就会成为退款纠纷，计入店铺退款纠纷。

退款流程如图 4-8 所示。

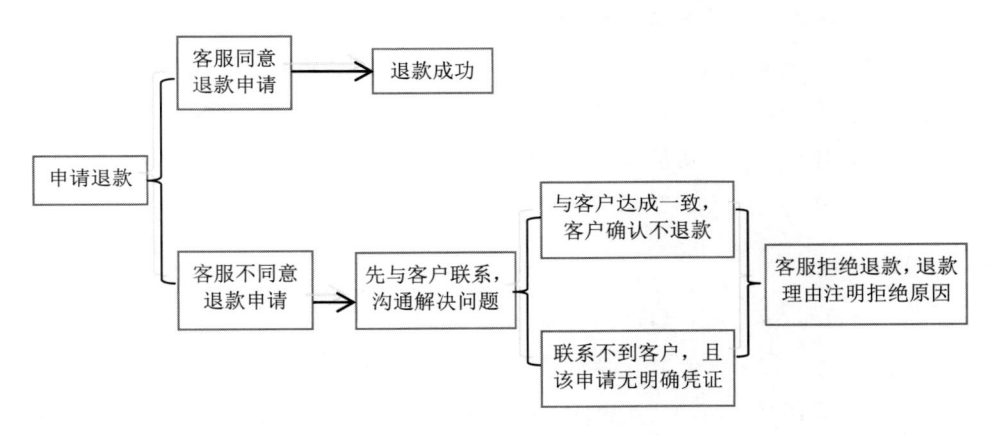

图 4-8　退款流程图

不管是退换货还是退款，客服都需要有积极处理问题的态度。有句话说得好："先处理心情，再处理事情。"在很多情况下，客户的心情好了，很多事情也就会随之大事化小，小事化无。客服除了要有良好、负责的态度以外，还需要及时解决客户提出的问题，并且在整个过程中主动跟进反馈，提升整个购物流程中客户的体验度。

4.2.3 售后服务和投诉

1. 纠纷类型

在整个交易过程中,售后服务和投诉是两个不同的部分。要想解决好售后服务和投诉的问题,客服就需要先了解售后服务和投诉的类型。

在整个交易完成后的 0~15 天,客户可以申请售后服务和投诉。

1)售后服务

客户申请售后服务的原因一般是:①主产品破损;②颜色/款式/图案与描述不符;③配件破损;④假冒品牌;⑤功能故障;⑥效果不好/不喜欢/不想要;⑦做工有瑕疵;⑧大小与产品描述不符;⑨产品材质与描述不符或存在异味;⑩其他。

当客户碰到上述问题时,由于交易已经完结,而且客户不确定卖家是否会承担责任,所以经常会选择申请售后服务。当客服发现有客户提出售后服务申请时,应该主动与客户沟通,调查客户申请售后服务的原因,并争取协商解决问题,避免因为上述问题而造成不必要的麻烦。

2)投诉

在交易完成后,为了维护自己的利益,客户除了可以申请售后服务以外,还可以在淘宝网针对卖家的行为发起投诉。投诉类型分为以下六种。

第一种是卖家违背承诺。即卖家承诺给客户的没有做到,具体包括卖家产品页面的描述、客服给予客户的承诺,以及卖家开通的承诺保证服务。

例如:客服答应给客户的赠品没有给,这就是典型的违背承诺。

第二种是卖家拒绝客户使用信用卡付款。卖家在开通"信用卡支付"服务后,此时客户使用信用卡支付,卖家需要支付交易金额(包括运费)的1%作为交易服务费,而客户只需支付交易金额。

拒绝使用信用卡付款是指卖家已经开通信用卡支付服务,但是拒绝履行该服务。如果投诉成立,店铺将被扣 4 分。因此,在投诉处理中建议客服和客户协商撤销投诉,如果存在违规情况则不支持申诉。

例如:天猫店铺在店铺中明确写出,如使用信用卡付款需要交纳1%的手续费。

第三种是卖家未按约定时间发货。如卖家页面显示 24 小时内发货，但是发货时间却延后了，就会造成客户对卖家的投诉。如果想避免这种投诉的发生，卖家就需要特别注意，在设置运费模板时，要根据实际情况设定对应的发货时间；如果有例外的情况，卖家就需要在产品页面以及店铺的页面中进行明示，并且在客户咨询或拍下产品后，由客服主动向客户说明，以免在后期交易过程中因为发货时间而导致客户发起投诉。

例如：在卖家页面中写明 3 天内发货，但是超过 3 天却没有发货的行为。

第四种是未按成交价格进行交易。这种情况一般多发生于客户已经拍下产品，客服要求客户补钱才能发货。所以，卖家在设置交易价格时，需要提前按实际销售价格设置好对应的产品价格，以免后期因为产品成交价的原因而被客户投诉。

例如：某天我买一件大衣，在拍下时成交价为 2000 元，而客服告知我需要补 100 元才能发货。

第五种是违反支付宝交易流程。这种情况多出现在交易过程中，客服要求提前通过银行转账，或者除了支付宝以外采用类似于扫描二维码等其他方式付款。在交易过程中，卖家需要严格按照支付宝的交易流程进行交易。

例如：在购物过程中，由于客户购买的是定制化产品，客服说只有先通过银行打款，才可以发最终成品。

上面说到的五种类型投诉的发起条件是交易成功后 15 天内的非消保订单或交易关闭（退款成功）的消保订单。

第六种是客服恶意骚扰客户。这种行为包括但不限于通过电话、短信、阿里旺旺、邮件等方式频繁联系客户，影响客户的正常生活，这时客户可以发起投诉。客户在交易过程中受到"恶意骚扰"，可在交易成功后 15 天内发起投诉。

例如：客户小 A 购买了一双鞋子，在收到后发现鞋子有问题，联系客服，客服不但不解决问题，还威胁小 A 如果给了中、差评，就每天给她打电话，直到她改成好评。

上面是六种可能会导致客户发起投诉的行为，客服要注意做好交易明示，有售后服务问题要积极处理。当然，只有做好产品和服务才能从根本上杜绝店铺投诉纠纷，做到长期良好经营。

2. 确认纠纷原因

当店铺出现纠纷时，作为直接面对客户的一线客服，首先要做的就是先确认纠纷原因，当然还要注意交易状态是否完结。如果交易未完结，客服就需要通过沟通，弄清楚原因，进而根据原因和客户协商具体的解决方式。

在交易已经完结的情况下，以下几种情况仍有可能导致纠纷：一是物流原因；二是产品原因。

1）物流原因

对于物流方面的原因，本章在退换货和退款部分已经阐述了常见问题。实际上，最容易引起纠纷的是卖家未按约定时间发货，以及订单已经交易成功，但客户未收到货。

特别值得注意的是，如果卖家经营的产品为自动充值的产品，那么自动充值的产品是系统自动判断进行发货操作的，故不存在卖家虚假发货的情况，如果客户未收到交易的产品，就可以发起未收到货的维权。

自动发货产品的交易超时付款时间一般为 24 小时，而其他虚拟产品的交易超时付款时间为 3 天。卖家要注意在该时间段内准时发货，避免纠纷。

对于实物产品，卖家发货后并不会立即出现物流信息的跟踪记录。所以，如果卖家在客户付款后 72 小时内发货（双方另有约定的除外），此时间段内没有物流跟踪记录或者物流信息与客户收货信息不符合，客户就可以发起退款（即使客户已经确认收货，也依然可以发起未按约定时间发货的投诉）。在退款成功后，客户可以对卖家发起违背发货时间承诺的维权。一旦发生这类情况，客服要在第一时间联系客户，核实情况，协商解决，给客户满意的解决方案，避免店铺产生售后服务纠纷。

在现实的交易过程中，有很多情况是物流公司造成的，如没有及时更新物流信息或者其他原因导致客户未按约定正常收到货。客服在和客户联系时要做出合理解释并且给出解决方案，尽快解决问题。若最终未与客服协商达成一致，客户就可以对卖家发起违背承诺的投诉。在交易订立过程中，商家自行承诺或与客户约定特定的运送方式和特定的运送物流、快递公司等，但是实际上未遵从相关承诺或约定的属于违背承诺，每次扣 4 分。

物流问题产生的售后服务咨询案例如图 4-9 所示。

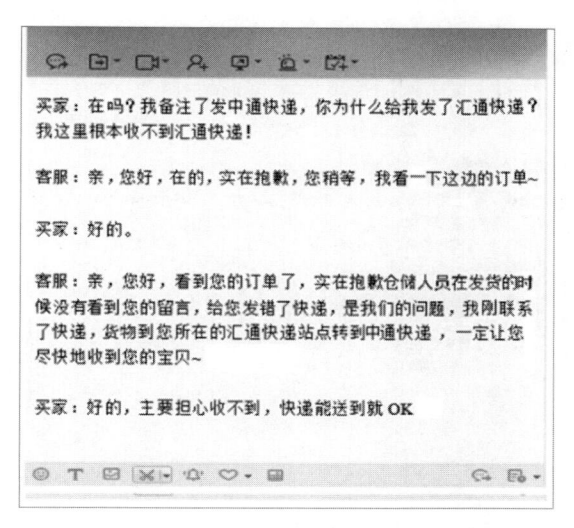

买家：在吗？我备注了发中通快递，你为什么给我发了汇通快递？我这里根本收不到汇通快递！

客服：亲，您好，在的，实在抱歉，您稍等，我看一下这边的订单~

买家：好的。

客服：亲，您好，看到您的订单了，实在抱歉仓储人员在发货的时候没有看到您的留言，给您发错了快递，是我们的问题，我刚联系了快递，货物到您所在的汇通快递站点转到中通快递，一定让您尽快地收到您的宝贝~

买家：好的，主要担心收不到，快递能送到就 OK

图 4-9 物流问题产生的售后服务咨询案例

特别提示：客服在整个交易过程中要及时安排发货并关注物流异常的订单，及时处理，积极与客户沟通协商，只有在遇到问题时友好协商解决，才能避免店铺纠纷，维护店铺正常运营（千牛软件在工作台状态下可以看到异常物流的信息，客服需要及时跟踪）。

2）产品原因

对于产品原因，本书在退货和退款部分提到过，一般是产品的质量问题或者是客户在产品的使用方法上出现误解。还有一种情况就是客户在使用过程中产品出现了问题，这种问题可能是客户在收到货时就存在的，也可能是客户收到货后造成的，客户可以在交易成功的 15 天内申请售后服务，发起退换货或退款。当发生此类售后服务问题时，客服需要及时与客户沟通，确定售后服务问题发生的原因，进而判断该问题的责任方，并给客户解决方案。

产品原因产生的售后服务咨询案例如图 4-10 所示。

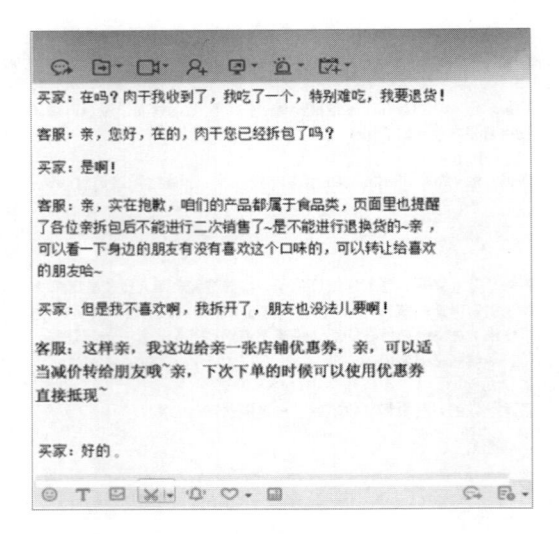

图 4-10　产品原因产生的售后服务咨询案例

3. 解决纠纷问题

在处理售后服务纠纷之前，首先需要明确的是，客户在收到快递后，交易出现问题，有一部分客户会联系客服解决，还有一部分客户会选择直接给中、差评，或者直接通过发起售后服务解决问题。当出现这些情况时，客服要调整好自己的心态，主动与客户沟通，解决问题。

在解决问题的过程中，有的客服没有调整好心态，会因为急躁而引起一些不必要的麻烦。比如，客服在联系客户处理问题时，多次联系客户，容易被客户投诉恶意骚扰，甚至把一些本可以解决的售后服务问题升级成为纠纷问题，所以客服在与客户沟通时要注意避免为了解决问题而恶意骚扰客户。

以下行为可以被判定为恶意骚扰：

一类是包括但不限于通过电话、短信、阿里旺旺、邮件等方式频繁联系客户，影响客户正常生活的行为。该类行为已严重影响了客户的正常生活，给其身心造成了极大的伤害。

另一类是包括但不限于向客户邮寄冥币、寿衣等让人产生反感的物品的行为，被定义为情节严重的恶意骚扰。若卖家被投诉"恶意骚扰"且投诉成立，淘宝网将依据卖家违规情形的严重程度进行处理。在一般情况下，该卖家将被处以扣 12 分的处罚；对于情节严重、严重违规的行为，该卖家将被处以扣 48 分的处罚。所以，客服一定要注意，不要强硬地处理售后服务问题，否则会让事件恶化，导致店铺纠纷，严重的更会被扣分。本章后面会有店铺的评价管理，其中就包括对中、差评的处理。

在整个售后服务环节中，一旦出现纠纷，包括客户发起售后服务申请或者发起投诉卖家的情况，客服都要首先联系客户，主动和客户协商，端正为客户解决问题的态度，为之后处理店铺纠纷打好基础，避免事件恶化，影响店铺服务，造成店铺纠纷生效或者因为违规给店铺扣分。客户在发起售后服务申请后，客服沟通的案例如图 4-11 所示。

及时的沟通和妥善的解决可以在小二介入前避免发生纠纷。如果客服在阿里旺旺上给客户留言，客户没有及时回复，那么可以同时用电话联系客户，了解具体原因，避免问题处理的延误而导致纠纷。

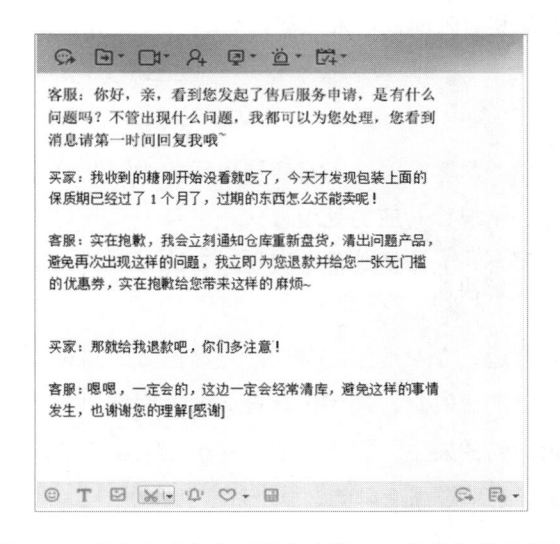

客服：你好，亲，看到您发起了售后服务申请，是有什么问题吗？不管出现什么问题，我都可以为您处理，您看到消息请第一时间回复我哦~

买家：我收到的糖刚开始没看就吃了，今天才发现包装上面的保质期已经过了1个月了，过期的东西怎么还能卖呢！

客服：实在抱歉，我会立刻通知仓库重新盘货，清出问题产品，避免再次出现这样的问题，我立即为您退款并给您一张无门槛的优惠券，实在抱歉给您带来这样的麻烦~

买家：那就给我退款吧，你们多注意！

客服：嗯嗯，一定会的，这边一定会经常清库，避免这样的事情发生，也谢谢您的理解[感谢]

图 4-11　客户在发起售后服务申请后，客服沟通的案例

在售后纠纷投诉的处理过程中，客户和客服若没有协商一致，客服就需要注意自检是否有违背承诺或者违背淘宝网交易规则的情况。自检内容包括客服通过阿里旺旺和客户的聊天记录，以及物流记录是否和店铺承诺的不符合。若存在违背承诺或者违规交易，小二一旦介入，确认纠纷成立，店铺就会面临违背承诺被扣分的惩罚。所以，客服在遇到这样的售后服务问题时，要尽量和客户协商做出相应的补偿。若不存在违背承诺的情况，而且是严格按照淘宝网正常交易流程的，那么在举证的过程中，客服可以根据客户的投诉原因，提供相关的阿里旺旺聊天记录凭证以及相关的物流信息凭证，并陈述相关的事实举证。当然，在提交后客

服也要注意积极跟进处理进度，期间保持电话通畅，避免淘宝网小二核实情况时因联系不到客服而影响处理结果。在一般情况下，如果卖家不存在违背承诺或者其他的类似于虚假发货等违规情况，那么淘宝网小二会根据证据做出合理判断，给出合理的结果。

在该类维权发生后，客服一定要第一时间提出申诉和提供凭证，这些将作为判断事实的依据。

处理方式：按照如下选项进行下一步申诉。

（1）如果不存在此行为或无心所致，就需要马上和维权方联系，争取第一时间消除误会。

（2）如果不存在此行为，但无法联系上维权方或协商无果，就需要做出合理解释并提供完整、清晰的阿里旺旺历史聊天记录截图、阿里旺旺举证号、淘宝站内信截屏、手机短信照片、通话清单等客观和有效的证明来处理该纠纷。

4．总结反馈

在整个纠纷处理完结后，客服要注意对店铺出现的纠纷做记录总结，内容包括纠纷原因、整个处理过程的跟进情况、对应的处理方式，以及小二判定的关键证据，为后期避免发生一样的纠纷做备案预警，为店铺其他客服和运营培训相关事件的处理方式，找出店铺需要改进的地方。

客服在售前要做到合适、专业地接待客户，当然也要做到对店铺的情况真正了解，配合仓库、物流仔细检查，严谨发货，确保运营设计的页面描述合理、准确、详细，这样才能减少售后服务和投诉纠纷的发生。客服也需要积极处理客户的问题，尽量减少店铺纠纷的发生，避免因为店铺纠纷率过高而影响运营。

4.2.4 评价管理

在整个交易过程中，最后一步就是客户和卖家互相评价。在评价时，一般会分为好评和中、差评。天猫店铺虽然没有中、差评的选项，但是如果客户对卖家的服务、产品、物流等不满，也会给卖家负面评价，不同的评价有不同的积分规则。在客户评价后，客服需要做出相应的回评解释。下面将介绍客户分别对好评和中、差评的操作。

对于现在的淘宝，虽然很多人说评价不再那么重要了，但是大家要知道，一个新客户在进入产品页面后还是会先去看已有评价，好的评价是店铺的必备利器，可以帮助店铺完成临门一脚的交易；反之，中、差评如果不好好处理，就很可能会把客户"吓跑"。

1．评价规则

评价积分的计算方法为"好评"加 1 分、"中评"得 0 分、"差评"扣 1 分。

积分规则（含匿名评价）：

（1）在每个自然月中，相同客户和卖家之间的评价积分不得超过 6 分（以淘宝订单创建的时间计算）。超出积分规则范围的评价将不积分。

（2）若 14 天内（以淘宝订单创建的时间计算）相同客户和卖家之间对同一个产品进行评价，多个好评只积 1 分，多个差评只积-1 分。

（3）在交易成功后 15 天内客户若不主动评价，系统会自动默认好评，不会给中、差评。另外，系统默认的好评只要符合评价积分规则，都会为双方增加对应的信用度。

在以下两种情况下系统自动默认好评：

① 一方给了好评，但另一方没有回评，在交易成功后 15 天内系统会代另一方自动给好评（因系统滞缓会有延后生效显示的情况）。

② 在天猫（原淘宝商城）订单客户进行店铺评分后，系统即时自动代卖家给客户一个好评。

在以下几种情况下系统不会默认评价：

③ 一方做出"中评"或"差评"，则系统不会代另一方默认回评。

④ 双方在评价期间均未做出评价，则双方均不发生评价，无评价积分。

⑤ 天猫订单客户在评价期间内未进行店铺评分，则系统不会代卖家默认回好评。

上面所述的内容是淘宝网上评价的具体规则。由此可见，客户是否下单取决于通过产品页面的介绍来判断产品和服务的质量，很多客户除了看产品页面的产品价格和介绍以外，还会看店铺的产品评价，通过之前下单的客户对产品的评价来判断产品的真实情况、使用后的效果，以及客服的服务态度。所以，维护好店铺的评价对于产品的转化率起着至关重要的作用。

2. 好评处理

卖家提供优质的产品和用心的服务，客户在收到货后对产品和服务都满意时一般都会给卖家好评。对于客服来说，收获好评并不意味着这个订单完美收尾。一条评价在页面中展示，其他客户除了能看到这条评价外，还能看到客服的解释。因此，对于给好评的客户，客服也可以回复评价给客户，做出合适又有亲和力的回复，对于客户的复购以及店铺形象的口碑传播都非常重要。

好评回复解释案例如图 4-12 所示。

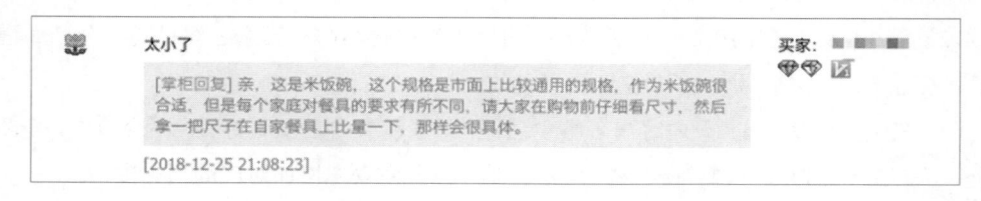

图 4-12　好评回复解释案例

回复解释内容会显示在被评价方的信用评价页面对应的评价下（如果客户选择了匿名评价，则客户对收到的评价做出的相应解释将不显示）。评价解释期为对方做出评价的 30 天内，逾期解释入口将关闭。合理又有创意的回复解释不仅可以维护店铺的客户黏性，还可以让网店更加人性化，可以提升客户对店铺的好感。

3. 中、差评处理

1）确认中、差评原因

在销售过程中，让客服比较头疼的就是客户的中、差评。中、差评不但直接影响产品的转化率，还会直接影响店铺的口碑，甚至会影响品牌的名誉。一般来说，导致中、差评的原因主要有以下几种。

（1）产品的问题。客户收到的货少了、破了、有色差、有气味、有线头、质量不好、怀疑不是正品等会导致中、差评，这种情况占中、差评总数的一半。

（2）客户主观感受问题。客户觉得尺码不标准、买贵了、收到后不想要了、没有想象中的好等客户感受不好会导致中、差评。

（3）售后服务相关问题。售前服务和售后服务态度反差大、回复不及时，退货和退款无法达成共识产生纠纷、在出现问题时客服不予处理等店铺服务的原因会导致中、差评。

（4）恶意中、差评。与交易无关的同行或者职业差评师想要勒索而给中、差评。

2）解决方法

当店铺出现中、差评时，客服一定要第一时间通过客户的评价内容判断出是什么原因导致了中、差评，并且根据中、差评的原因快速给出解决方案。根据淘宝网的评价管理，在客户对某笔订单做出评价后的30天内，客户可以对中、差评进行修改或删除。而且要注意，好评和店铺评分一旦做出均不可再修改或删除。中、差评的修改路径是"我的淘宝"—"我的评价"—"给他人的评价"。评价在修改或删除后即时生效，页面显示会有30分钟的滞后。中评或差评只能修改为好评或删除，且只有一次机会，如差评修改为好评后，将不能再删除或修改。具体的解决方案一般有以下几种：

第一，因为产品问题而导致的中、差评。客服要联系客户核实产品的具体问题，根据产品问题的严重程度以及客户的意向，给客户退换货或者部分退款补偿。在问题解决后，客服要引导客户修改中、差评。对于由产品问题引起的中、差评，在问题解决后，客户一般也会对店铺服务的好感有所提升，可以修改中、差评。

第二，因为客户主观感受而导致的中、差评。这种情况一般是因为客户收到产品后感觉没有预期的好，不符合自己买单的价值。这时客服可以联系客户提出补偿，如补偿可以直接抵现的店铺优惠券或者店铺红包来弥补客户的心理落差，并引导客户修改中、差评。

第三，因为店铺服务而导致的中、差评。对于这种情况，客服首先要确定是快递服务还是店铺客服的原因，为店铺后期服务的提升和改进明确方向。若是快递原因，客服一定要首先对客户表示歉意，并且及时与合作的快递公司对接；若是客服原因，客服一定要及时针对客服问题做出改进。不管是快递还是客服的原因，都要确保后期类似的问题不再发生，最好是给客户适当的补偿，可以是直接抵现的优惠券或者现金补偿，来平息客户的不满，进而让他修改中、差评。

第四，恶意中、差评师给的中、差评。对于这种情况，客服在处理时一定要收集到有力的证据，及时反馈给小二，交由小二处理。

恶意评价是指客户和同行竞争者等评价者以给予中、差评的方式谋取额外钱财或其他不当利益的行为。淘宝网对恶意评价的受理范围如下：

（1）不合理要求：需双方聊天举证，证明评价者以中、差评要挟为前提，利用中、差评谋取额外钱财或其他不当利益。

（2）客户胁迫：专业给中、差评，且通过中、差评获取额外钱财或不当利益。

（3）同行的恶意评价：与同行交易后给出的中、差评。

（4）第三方诈骗：第三方诈骗所产生的评价。

（5）泄露信息、辱骂或广告：评价者擅自将别人的信息公布在评语或解释中，或出现辱骂、污言秽语等损坏社会文明风貌的行为，淘宝网将删除评语或解释中涉及辱骂、污言秽语、泄露信息或广告的内容，但是不删除评价。

对恶意评价的投诉发起条件如下：

（1）必须为双方互评的订单。

（2）受理的时间范围为评价产生的30天内。

若符合以上条件，客服就可以对客户发起恶意评价的投诉，来维护店铺的评价，在投诉成立后，对应的中、差评会被删除。投诉如图4-13所示。

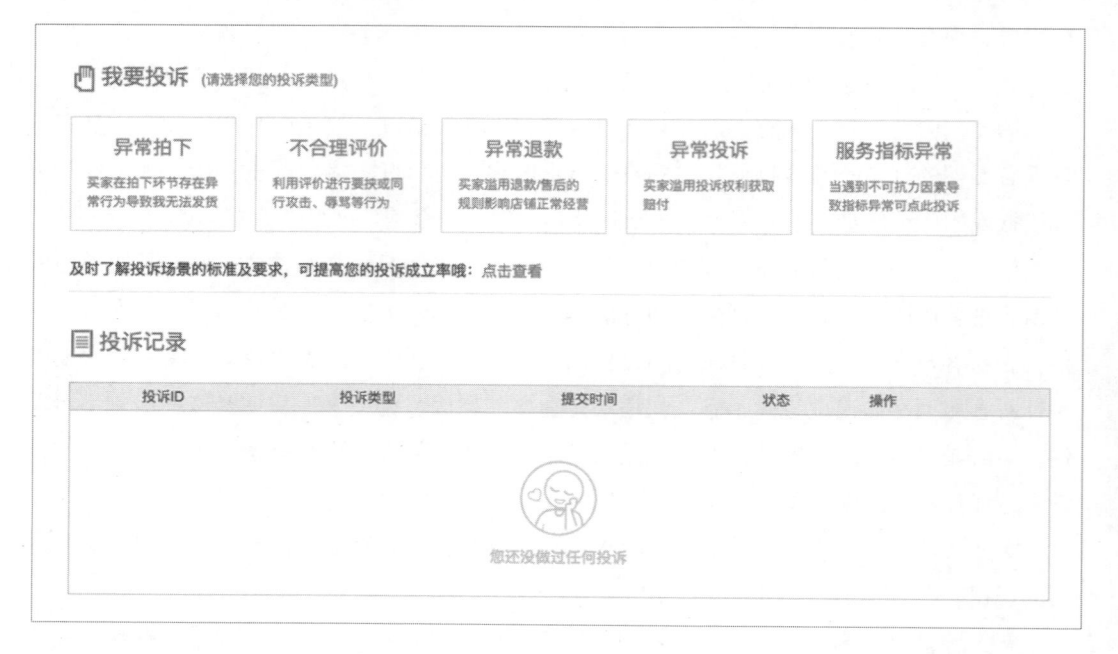

图 4-13　投诉

在发起投诉后，对恶意评价的投诉一般会由淘宝网的工作人员介入审核，并在1~2个工作日内给予答复；如果客户发起申诉，那么淘宝网工作人员将在 3~5 个工作日内进行重新审核并给予答复。

3）处理中、差评要注意的细节

客服在修改中、差评时还需要注意以下一些细节：

（1）在修改评价前需要看客户和客服之前的聊天记录，以及客户的评价内容，大概了解客户的性格，根据客户的性格采用其最能接受的态度和方式进行沟通，选择对应的解决方式。

（2）客户如果答应修改，要保证时效性并及时跟进。

（3）避免和反应过激的客户有言语冲突，最好是安静倾听，然后协调。

4）中、差评的回复解释

很多时候，店铺里总会有部分中、差评是无法修改或删除的，原因可能是联系不上客户，或者与客户协商不一致。这个时候，客服必须做的一项工作就是对中、差评的回复解释。对中、差评回复解释时需要注意的是，要根据中、差评的原因有针对性地回复客户，因为这也能为后面看到该中、差评的其他客户解决顾虑，避免中、差评影响到产品的转化率。

中、差评的回复解释案例如图 4-14 所示。

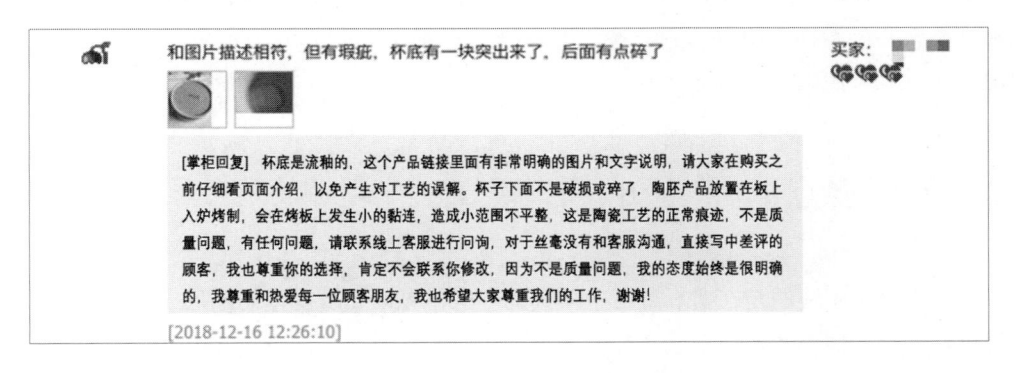

图 4-14 中、差评的回复解释案例

4．常用工具

客服在修改中、差评时，很重要的一个步骤就是联系客户。但是应该使用哪些工具来联系客户呢？针对淘宝网交易的独特性，客服一般会使用阿里旺旺、电话、短信来联系客户。

1）阿里旺旺

如果客户的阿里旺旺在线，那么阿里旺旺是最合适的联系方式，客服可以随时调用之前的聊天记录来和客户沟通，并且可以保留聊天记录，一旦发生恶意中、差评勒索的情况，就可以把聊天记录作为直接凭证来发起客服的维权。

2）电话

在客户的阿里旺旺不在线，并且客户也没有看到和回复客服留言时，客服可以通过电话联系客户，帮助客户解决问题，处理中、差评。但是客服在使用电话工具时要注意，不要频繁给客户打电话，以防给客户造成恶意骚扰而引起店铺纠纷或者影响中、差评的处理。

3）短信

一般在使用阿里旺旺联系不到客户或者客户不方便接听电话时，客服可以编辑短信说明处理问题的态度和意向，引导客户通过阿里旺旺联系客服帮助其解决相关问题，在处理完问题后引导客户修改中、差评。

客服在发现店铺中、差评时一定要认真对待，根据中、差评的不同原因给出不同的解决方案，在最短的时间内帮助客户解决问题，只有了解客户心理才能做常胜将军，才能更好地维持客户的黏性，引导客户修改或者删除对店铺有恶性影响的评价，这样才能维护好店铺的评价，将店铺的中、差评对店铺的转化率以及店铺形象的影响降到最低。

4.3 处理要点

以上内容所阐述的是在售后过程中碰到的一些常见问题及基本的解决方法。除此之外，在线售后客服还需要注意以下两个处理要点：

第一个是标杆处理方法，即优秀的客服应该如何处理问题。

第二个是处理禁忌，即在处理问题时哪些事情是"高压线"，客服坚决不能触碰。

4.3.1 标杆处理方法

要想做个优秀的在线售后客服，就需要知道处理售后问题的完整步骤。在电商实践中，标杆式处理售后问题的步骤一般分为以下几个。

1．快速反应

当有客户咨询售后问题时，在线售后客服要做到快速、积极地回复客户提出的问题。通常在出现售后问题时客户的等待耐心都远远低于售前，甚至有的客户会由于等待时间过长，误认为客服不愿承担责任而使普通的售后问题上升至投诉纠纷。所以，在售后问题处理过程中，在线售后客服的反应速度一定要快。

2．安抚情绪

当客户说明产生不满的原因时，在线售后客服需要及时安抚客户情绪，"先处理心情，再处理事情"。当发生不愉快时，在线售后客服需要先让客户把不满情绪发泄出来，然后再处理客户的问题。

3．耐心倾听，勇于承担

在整个倾诉过程中，有的客户由于情绪激动可能在陈述过程中会对问题反复强调，在线售后客服要学会认真、耐心地倾听客户提出的问题，学会记录要点和总结提炼，及时与客户核对并确认其诉求。同时，为了表明客服积极、主动解决问题的态度，在线售后客服还需要向客户道歉，并且核对是否是客服原因造成的问题。如果是客服造成的问题，客服应该有勇于承担责任的态度，即便是因为客户误会产生的问题，客服也应该耐心地向客户解释，并解决问题。

4．判断诉求，提出解决方案

如果已经辨别出是客服疏忽等原因造成的客户不满，那么客服除了要安抚客户情绪、真诚地向客户道歉以外，还需要通过与客户的沟通判断客户的真实诉求。在整个售后过程中，客户的诉求一般分为求发泄、求补偿、求尊重。在线售后客服要尽量根据客户的诉求提出解决问题的方案。在提出解决方案时，客服需要尽量使用封闭式问题（如"您是需要退货还是需要调换货呢？"），而不要用开放式问题（如"您想怎么解决？"）。这点一定要记牢。

5．跟踪处理，总结反馈

当客服提出解决方案，和客户协商完毕后，解决过程并没有结束。客服需要继续跟进解决过程，跟踪处理问题的细节，从而提高客户的购物体验。客服需要做更多的后续工作，以表明客服的积极、主动态度。在所有问题解决完成后，客服还需要进行总结反馈，从而提高客服处理售后问题的能力。

4.3.2 处理禁忌

除了标杆处理方法以外，客服还需要了解在整个售后过程中，哪些是处理问题的禁忌。有些客服由于疏忽而触碰了"高压线"，导致售后问题升级。

在整个售后处理过程中，客服需要谨记以下几个禁忌。

1．和客户争辩、争吵

不管是客服还是第三方人员的过错，在整个交易过程中，都给客户造成了不便，所以客服应该按照售后处理要点进行处理，切忌和客户发生争吵。

2．批评教育客户

有的客户对产品的认知度不够或者因为不了解产品而产生误会向客服咨询，客服要耐心地回答，不能因为客户不懂而对其进行批评教育。

3．直接拒绝客户

有些客户提出的解决方法可能过于激烈，客服不要在客户情绪激动时直接拒绝客户提出的方案，而需要有理、有据、合理、耐心地与客户沟通，争取最大限度地满足客户的要求，减少客户在交易过程中的不愉快。

4．强调自己正确的方面、不承认错误

有的客服因为害怕承认是自己的过失要承担后果，所以坚决不承认是自己的问题，这也是处理售后问题中的大忌。有的客户来与客服沟通是为了说明在产品体验过程中遇到的问题，希望客服有诚恳的态度，并不是来刁难客服的，所以客服需要调整好心态，面对问题。

5．表示客户不重要

个别客服在处理售后问题的过程中，由于客户情绪激动，提出的方案很难接受，导致客服在沟通过程中不经意间流露出对客户的不重视，造成客户对客服态度不满的投诉。

不管在什么时候，在线售后客服在与客户沟通时都要保持良好、积极的心态，解决在整个售后过程中出现的问题。要记住：客户永远是对的。

4.4 问题反馈

在所有交易问题处理完结后，客服要学会按要求收集整理售后问题。一般需要客服收集的资料包括客户反馈问题、客户接受的处理方式、处理时间。对于特殊的案例，客服还需要记录整个聊天过程。进行售后问题收集的意义在于，在周会、月会时可以整合部门问题，反馈给相关部门，以便提升各部门的运营水平。

本章小结

售后服务工作不是一次交易的结束，而是二次交易的开始。本章讲述了售后服务在店铺运营管理中的重要性，并讲解了在遇到售后问题时如何安抚客户情绪，了解客户的真实售后需求，从而使售后问题得到良好的解决。

售后服务工作不是旨在解决中、差评，而是根据客户的实际需求去解决其碰到的问题，让客户真正满意。

售后服务工作还可以体现出店铺的运营状况与供应链问题。客服从售后问题中能知道产品是否存在品质问题，以及客户体验的不足之处，如果能将问题及时反馈给相应的负责

人，就可以帮助店铺不断地良好成长与发展；客服从售后反馈中也可以看出店铺活动运营的不足，以及推广人群的精准性问题，及时与店铺运营人员进行沟通，可以帮助店铺做出更好的人群定位与运营策略指导。

在日常交易中，吸引一个新客户的成本越来越高，而售后服务工作解决了客户对售前和售中的不满，成为交易过程中重中之重的环节。

本章习题

1. 简述售后服务工作的重要性。

2. 客户用 A 账号从店铺中买了一件衣服，过了一会儿客户用 B 账号联系客服，告知客服 A 账号也是该客户的。由于特殊情况现在 A 账号使用不了，但是不知道用 A 账号购物时填的地址是不是对的，想核实一下，如果地址不对要求改地址，那么这时应该怎么处理？

3. A 客户联系客服，说衣服没有收到，但是物流跟踪记录显示已经签收，请分析有哪些情况会产生这样的问题，以及应该如何解决这样的问题。

第 5 章

客服团队管理

我曾经看过一本书，在扉页中赫然印着一行字："所有企业的问题都是人的问题；所有企业里人的问题都是老大的问题"。因为我管理一个近300人的客服团队，所以当我看见这句话时，我感觉由眼入心，醍醐灌顶，想到了团队存在的很多问题，追根究底恰恰是管理的问题，而管理的问题在很多时候正是客服主管的工作没有执行到位。

5.1 团队搭建

5.1.1 科学匹配客服团队的人员配比

1. 科学计算岗位人数

要想让进店的客户有良好的购物体验，就要留给客户足够的咨询时间。在第3章中，我们阐述了响应时间的重要性。如果客户咨询的问题不能得到及时回复，那么别说体验了，成交的希望都很渺茫。就算客服回复了，但是过长时间的等待仍然会降低客户的购物体验。所以，不管是天猫的评价系统，还是生意参谋里的服务数据，都有回复率和响应时间的行业标准。店铺要想让数据达标，就要有足够的在线客服进行分流，保障每一位客户得到充足的被服务时间。

另外，同时在线的客服也不是越多越好的，因为工作量不饱和，不但会增加店铺的人员成本，也不利于激发客服的工作积极性。合理的人数不能由主管随便拍脑袋想出，而要通过自己店铺数据合理配比，按照文中的参考公式，计算出科学的岗位人数。

售前客服岗位人数=店铺的日销售额/客单价×询单转化的销售额占比/询单转化率/全天最大接待人数。

我们通过案例演算一下计算的过程，假设一个店铺的日销售额为30万元，客单价为150元，店铺每天会产生2000个左右的订单；店铺客服询单转化的销售额占比是30%，那么就有600个订单是通过客服询单后产生的；这个店铺的客服询单转化率刚好为50%，客服就需要接待1200位询单的客户，才能完成600个订单的销售额任务；按照每人全天最大接待人数为300人计算，需要4位客服配合才能完成接待1200位客户的任务，店铺合理的人员配比可以是两个早班和两个晚班。

在这个公式里，有个关键数据是变化的——全天最大接待人数，也就是行业里说的客服接待上限。接待上限受很多因素的影响，首先受类目的影响，对于定制类目和标品类目来说，客服能同时接待的人数肯定是不一样的。对于定制类目，产品尺寸的定制和价格的计算都需要比较长的沟通时间，一位客服的接待人数在 150 位左右时，工作就比较饱和了。其次受客单价的影响，客单价分别为 300 元和 30 元，客服对于客户的服务时长肯定是有差距的，客单价越低，静默订单越多，询单的问题也就越简单，交易时间越短，比如销售文具类目产品，客服的接待人数为 300 多人，也会游刃有余。接待上限还会受客服经验的影响，老客服可以同时应对更多的客户，而新客服在接待多人时就会比较吃力，这个时候主管就需要在旺旺分流里进行分组设置，给不同能力的客服开放不同的流量权重值，如图 5-1 所示。

图 5-1　旺旺分流里的分组设置

如果店铺的服务评分偏低或者客服工作的积极性不高，那么主管首先要考虑自己店铺的客服询单量，要把它及时调整到更加合理的配比状态。

2. 合理设置排班时间

为了方便客服的工作，很多店铺的排班就是简单的早班和晚班，可是店铺真正要方便的是客户。我见过在中午吃饭时间全体客服挂起的店铺，也见过在晚上 10 点后没有客服的店铺。主管自信地强调，他观察了几天，发现客服离线后没有几位咨询的客户。我认为这位主管恰恰本末倒置了，不是因为没有客户所以不用安排晚班，而是因为店铺晚班没有安排人，所以搜索流量自然减少，主管误以为店铺晚上是没有客户的。即使一个店铺有多个客服账号，系统也知道把流量自动分配给在线的客服，虽然淘宝有那么多店铺，但是系统一样知道把流量分到有阿里旺旺在线的店铺。

网店是一个比较特殊的平台，在一年365天里每天24小时都不打烊，任何时候都可能有客户进店，即使在大年三十晚上看见客户咨询也不用惊讶，每年平台都有过年不打烊的活动，正是有需求才有市场。

很多店铺通过开通店小蜜夜间自动服务填补凌晨时段没有客服服务的空缺。但是对于人工客服的排班，店铺需要根据自己店铺的流量峰值做合理设置。比如，对于有些类目来说，上班族客户的占比大，他们在上班路上就开始进店咨询，早上7点就迎来了询单高峰期，在这种情况下，店铺早班可以提前到7点开始。而对于有些类目来说，在凌晨1点后还络绎不绝有一些夜猫子型客户，客服贸然下线也不合适，这时候就可以调整晚班下班的时间。对于这种需要延长早班或者晚班时间的店铺，并不是要无限制地延长客服原有的工作时间，而是可以改变为三班制，这样客服的单人工作时间不变，但是对进店的客户服务时长增加了，对不同时间段客户的咨询都会更加便利。同时，店铺客服错峰在线可以争取到更多的流量，因为别的店铺的客服不在线，而你们店铺就可以提供更好的在线咨询。

3. 选择合适岗位人选

让合适的人做合适的事是一位主管的能力。某位客服工作力不从心的原因不一定是客服能力不足，而可能是主管没有把她安排到合适的岗位。客服团队岗位一般分为售前、售后，有的店铺还有追单、审单、老客户维护等专员。因为每位客服的性格不一样，所以擅长的方向也不同。

我们团队就曾经有客服在调岗后工作效率翻倍的案例。比如，在售前服务的时候，某个客服各方面的数据都平平，但是被调整到审单岗位后，因为工作细致，所以店铺因发错和备注遗漏的售后比例大大下降；也有的客服曾经因为售后压力大，一度想辞职，但是被调整到售前岗位后，发挥了自己擅长的推荐能力，转化率一直在团队中遥遥领先。这些都是典型案例，如果没有把人安排到对的位置，那么就是团队白白浪费的内耗。对于客服团队来说，只要不是态度问题，每个客服就都可以通过调岗、培训提升各方面的能力，成为合格的一员。

通过人数、时间和岗位三方面的合理配比，一个客服团队的雏形基本就有了，这时候主管要分配子账号给客服。每个店铺根据等级不同，会配比不同数量的子账号。管理子账号的权限是主管的工作职责之一。

5.1.2 安全管理店铺的子账号权限

1. 分流设置

有一次，店铺来了一个新客服，他登录了一个新的子账号，但是发呆了一天，没接待到一位客户，以为店铺压根没有生意，犹豫要不要继续做下去，一问主管才发现，主管忘记把新的子账号加到客服组里，不在客服组的子账号自然就无法分流到客户。子账号分流如图 5-2 所示。主管需要把所有客服的子账号按照售前、售后添加到不同的分组，再针对客服的能力开放不同的流量权重。

图 5-2　子账号分流

2. 权限设置

每个客服在上岗后使用不同的子账号，店铺的子账号关系到店铺的产品和资金安全，店铺的账号安全管理守则里有明文规定，不建议把每个子账号的所有权限都开放，而要针对不同的岗位需求开放不同的权限。比如，客服岗位就不需要发布产品、上下架的权限；而售后客服一定要开通退款权限。除了基本的店铺权限之外，还有一些第三方软件的权限，也需要给客服授权，比如店小蜜的智能辅助和淘宝现金红包发放。子账号权限管理如图 5-3 所示。

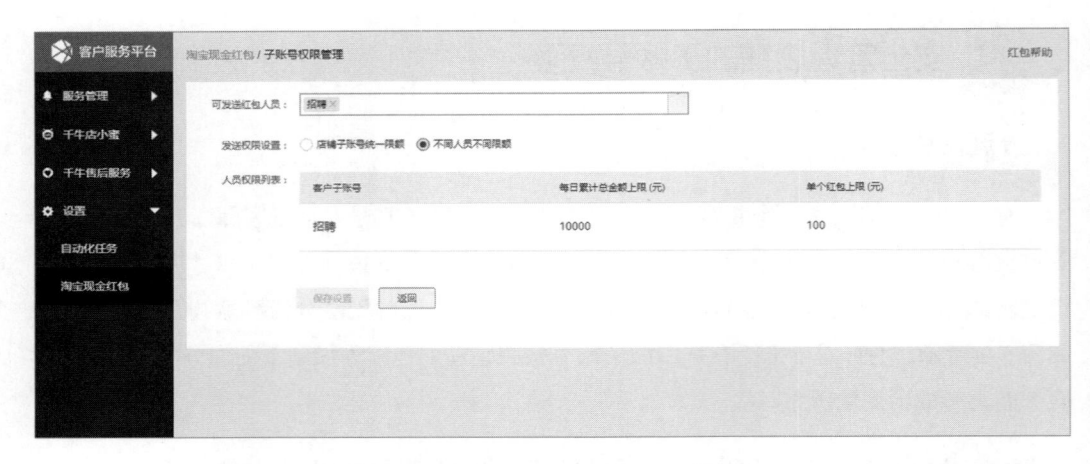

图 5-3　子账号权限管理

客服主管需要及时调整团队中每一个子账号的流量分配和子账号的权限，这样才能有效地保障店铺的产品和资金安全。对于离职后人员的工作子账号，客服主管要及时地删除认证信息、修改或者关闭子账号。为了统一店铺的服务风格、规范店铺的服务流程，客服主管还需要进行团队快捷话术的设置。

5.1.3　设置管理客服团队的快捷话术

每个店铺的客服快捷话术不能随便复制其他店铺的，而要根据自己店铺的风格设置。对于每一句快捷话术的设置，我们都称之为"抠"话术，这是一个不断打磨的过程。每一句店铺的快捷话术既要简洁明了，又要充分地表达清楚意思。我们要逐字逐句地"抠"出一条条快捷话术。

快捷话术分为团队的快捷话术和个人的快捷话术，这两种快捷话术的使用场景略有不同。比如，对于物流问题、发票问题，为了店铺的统一规范和答案的严谨性，店铺会要求客服使用团队话术，总不能 A 客服说一个答案，C 客服说另一个答案，之后还要 E 客服解释说明；对于推荐产品、议价沟通，客服就可以充分地利用自己个性化的个人快捷短语与客户沟通交流，这样效果会更好。这里只针对团队快捷话术的设置，做以下几点提醒。

1. 自动回复设置

我们已经详细地阐述了首次回复的重要性，以及自动回复的格式和内容的要求，却唯独没有介绍设置的方法，因为子账号的权限不同，团队的自动回复通常由店铺的客服主管负责设置。学习到这章的读者应该已经跨过了新人的门槛，需要掌握更多客服岗位的内容。

团队的自动回复设置方式与个人的雷同，唯一的区别是自动回复里的关联问题，设置方法如图 5-4 所示，点击关联问题里的"选择问题"链接，然后添加需要展示的问题，问题和答案是匹配的；最多只能添加 10 个关联问题，店铺通常会设置 5 个高频问题，以减少客户阅读的阻碍，展示内容尽量在一屏内。如果关联问题的精准度高，就可以减少客服 30% 的询单量。

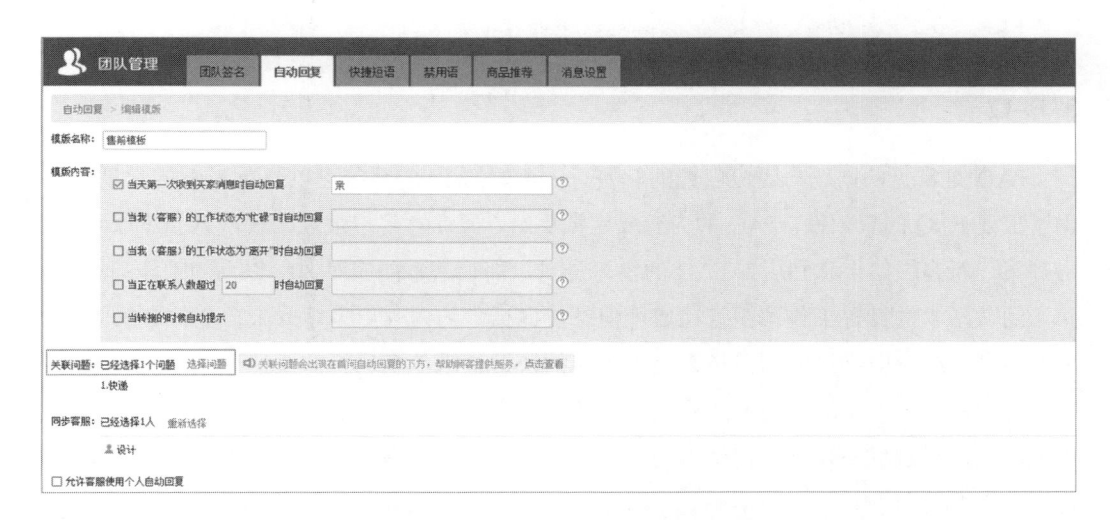

图 5-4　自动回复中关联问题的设置方法

2. 禁用语设置

在客服工作的过程中，有一些词汇属于禁用语，使用错了店铺会违规被扣分，因为客服的承诺等同于店铺的承诺。但是在接待过程中，难免有客服忙中出错或者新客服培训不到位的情况，客服一旦稍不留意地说出禁用语，就会引起不必要的纠纷。使用不开发票、信用卡要收手续费等禁用语都属于违背承诺；使用一比一、精仿等与产品相关的禁用语，属于出售假冒产品。主管可以提前设置团队的禁用语，这样即使客服不小心发出类似的消息，系统也会直接提示消息发送失败，把违规行为"扼杀"在萌芽状态，如图5-5所示。

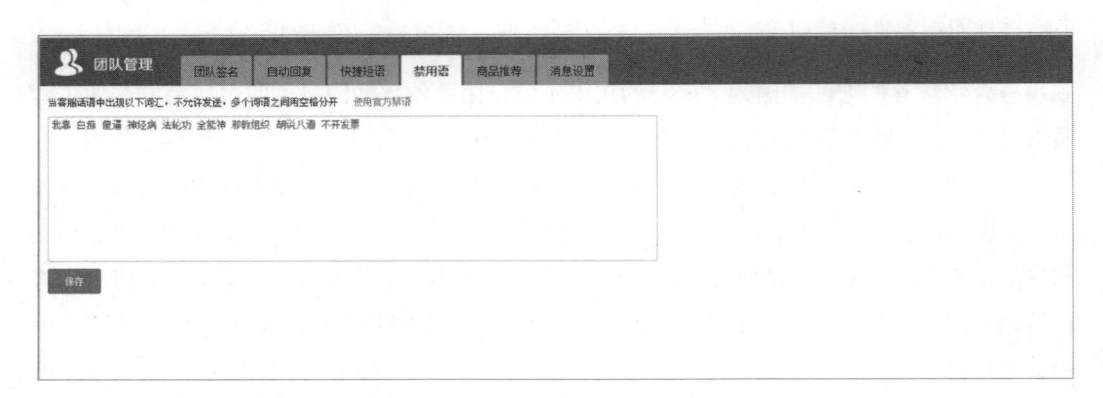

图 5-5 禁用语设置

3. FAQ

FAQ 是常见的问题与对应问题的解答。一个好的 FAQ 系统可以解决 80%的常见问题。为了保证 FAQ 的有效性，FAQ 的内容要定期更新，要针对客户最近比较常见的热点问题给出答案。新客服如果拿到店铺 FAQ 的学习资料，那么基本能应对 80%以上的工作问题。

团队话术的设置工作由主管完成，但是快捷话术的内容更多时候来自全体客服的头脑风暴。客服要针对不同的服务场景设置更多的快捷话术，多场景的快捷话术不仅能有效地提高客服的工作效率，还能为店铺店小蜜的自定义知识库提供储备。在快捷话术使用的过程中，要注意过犹不及，快捷话术是一把双刃剑，善用是提高效率的助手，滥用就成了转化率低下的帮凶。

通过人员组织、子账号分配及团队话术的设置，客服团队的搭建工作基本完成了，但是要让团队的客服提供高质量的服务，主管需要对不同层级的客服进行专业能力提升的培训，请记住：不是客服不会，而是主管没教；不是客服不做，而是主管没要求。

5.2 团队培训

本章要逐一说明客服主管的岗位职责，即具体要做的事，但是对主管沟通、管理及培训的能力提升问题，因篇幅关系，不做更多展开说明。对于团队培训，只针对主管培训的重点内容和检验标准，而不会过多地谈关于课程的设计和授课技巧。

5.2.1 岗前培训

岗前培训的培训目标很明确，在完成培训后，客服要能独立应对客户的咨询，处理不同状态的订单。要想达到这样的能力，需要完成以下几个方面的培训。

1．岗位心态培训

我们团队的岗前第一节课为"岗位心态"，由我亲自上课。在这一节课结束后，我们往往会淘汰一些不合适的人，有什么样的态度就会收获什么结果，丑话说在前面，总比在上岗后再辞退，浪费的时间成本要少。

很多客服在上岗之前，其实并没有找到一个合适的面对心态，例如有人觉得客服工作很简单，只是聊聊天、打打字而已；有人一看见培训大纲，觉得客服工作比想象中复杂，要学习这么多的知识，自己可能不行，要打退堂鼓。我们看一个客服是否有符合服务岗位的心态，可以用一些场景互动题做测试。对一些销售问题的应急处理能体现一位客服的工作灵活性和工作心态，在本书中提及多次服务体验，客户的好的购物体验一定来自一位有服务意识、态度好的客服。

2．平台规则培训

客服在上岗前需要进行规则考核，笔试应该按照满分要求，如果考不到满分就反复考，客服对规则的学习没有捷径，对关键的平台规则只能死记硬背。客服需要通过场景模拟，不断练习以避免掉入涉及规则的一些常见的聊天陷阱中。每一位客服对于规则这条警戒线，一定要保持高度警惕的状态。之所以存在个别钻漏洞的"职业差评师"，正是因为有一些对规则理解薄弱的客服"小白"给了他们生存的市场。

3．软件工具培训

俗话说："工欲善其事，必先利其器"。千牛软件的使用、ERP 系统的操作，以及商家后台中心页面的熟悉，都是客服需要掌握的。对这个环节的考核，主要通过上机实操完成。

4．产品知识培训

主管在做产品知识培训时，可以让客服通过视觉、触觉和使用体验全面地学习产品知识，并且把这些产品知识转化成产品卖点传递给客户。

5．服务能力培训

第 3 章和第 4 章已经详细阐述了售前客服的服务流程和售后客服的处理方式。对于一些重点的服务环节，在培训后可以同步做随堂测试，并且针对客服理解薄弱的环节，进行二次重点的培训，力求让通过培训的每位客服在上岗后，都能独立地处理接待中遇见的常见问题。

对于已从事客服岗位的人来说，以上的培训内容是基础中的基础，他们会觉得很简单，但是随着团队扩大，在每次招来的新人中都有零基础的客服，主管不能轻易判断自己认为简单的内容新人同样会觉得简单。在培训的过程中，主管不能把很多内容轻描淡写地带过，不做培训后的考核测试。我经常遇见一位新客服因为登录千牛时没有选择英文状态的冒号，尴尬地卡在那儿，主管明明都教过如何千牛使用，为什么自己连账号都登录不上？纸上得来终觉浅，主管在培训后，一定要有让新人实操考核的环节。

5.2.2 日常培训

很多客服团队目前只对新客服做上岗前的培训，对上岗后的客服就放任自流，让其野蛮生长了。这样的客服团队很容易遇见能力提升的瓶颈，毕竟靠个人学习，成长是缓慢的。在电商这个高速发展的环境中，客服团队更需要保持不断的学习状态。主管需要根据客服的不同层级，针对每个阶段客服的工作瓶颈，组织系统性的分阶段学习。

1．上岗半年内的客服

上岗半年内的客服基本上还属于新客服，对他们的培训通常以解决日常工作问题为重点，要每周组织客服进行一次小组讨论。讨论的学习方式与主管讲授的学习方式相比，会让客服学习的更加主动，成人通常都对自己参与的话题感兴趣。在每次讨论时只讨论一个小主题，主管要围绕着这个主题，对近期的流失订单进行筛选，选出有代表性的案例分析，大家先分析订单中存在的问题，找出订单流失的关键原因，然后给出自己的解决方案，最后再小组讨论，票选最佳的方案。在这种不断的练习中，一个客服在遇见问题时产生的解决方案，会成为团队其他客服的钥匙，其他客服在遇见类似的问题时，就可以直接选择最佳的处理方案。

2. 上岗超过一年的客服

主动学习除了前面提的讨论之外还有分享形式。每个人在分享的过程中都会对一个问题进行多角度的思考，这种深入的反思有利于客服对自己工作现状的突破，因为这源自内在打破，是个人的成长。我们要鼓励有经验的老客服定期做分享，不管是成功的案例，还是失败的案例，对于团队其他客服都有很好的借鉴作用，并且可以在分享的过程中，挑选出未来的主管和团队培训师的人选，表达是在任何岗位中都非常重要的能力，而在分享经验的过程中，恰巧可以选出团队中具备表达能力的人才，进行重点培养。

除了客服的能力提升之外，在很多时候，知识库也要做及时更新。电商是近十年来发展最迅速的一个行业，很多行业的新规则在不断地建立，需要客服及时掌握。不论是岗前的基础培训，还是上岗后的能力培训，都需要客服主管定期执行。主管要把不同阶段的客服培训作为工作的职责之一。

5.3 团队绩效

前面提到了"不是客服不会，而是主管没教；不是客服不做，而是主管没要求"。有些店铺主管会喊冤，因为团队有系统的培训，明明都教了，但是客服在工作中还是按照自己的方式做。我们可以再仔细读读下半句，如果在职场中人人都自律，就不存在管理一说了。对于教过以后的执行落地，我们要用明确的 KPI 考核来检验工作的完成度。

5.3.1 数据分析

很多店铺都购买了客服绩效软件，但我在了解具体的使用情况时，得到的反馈只是用来查看客服的销售额（客服绩效软件很多，功能也都类似，文中不特指某一种绩效软件）。客服主管要看懂绩效软件的每项数据，并且能分析出影响数据的具体因素，这是客服主管的日常工作之一。

客服主管在管理时要忌用一些形容词表述，很多个人主观性的感觉容易让客服产生抵触情绪。比如，客服服务不热情。客服本人觉得自己很热情，而且不知道你的热情标准是什么，但是换一种表达方式，说客服的答问比低于店铺要求的120%，没有传递主动服务的积极性，这样就清晰多了，客服也知道了努力的方向。

1. 核心数据

1）响应时间

响应时间数据可以通过绩效软件直接查看，而导致响应慢的具体原因需要主管通过慢响应订单来分析。系统把超过 120 秒没有回复的咨询判定为慢响应，绩效软件里有单独的慢响应明细，每个订单的慢响应句子都用彩色标注出，如图5-6所示。客服的响应慢可能有以下几个方面的原因。

图 5-6　慢响应明细

（1）能力问题。比如，打字速度不达标。要通过打字软件练习后考核。
（2）态度问题。比如，上班时间分心做其他事。要根据绩效考核警告或者扣分。
（3）流程问题。比如，客服询单量超负荷。要及时调整旺旺分流。
（4）培训问题。比如，对产品和活动不够熟悉。主管要进行二次重点培训。
（5）其他问题。比如，电脑问题、硬件问题。要进行电脑清理或者升级。

主管要通过多方位的综合分析，找出客服响应慢的具体原因，并有针对性地给出解决方案。

2）客单价

如果客服的客单价低于店铺的平均水平，那么主管要首先查看成交订单的聊天记录，看看客服有没有做关联销售。如果做了关联销售却没有效果，那么客服是不是还没有掌握关联销售的技巧，主管需要再进行有针对性的培训，关联销售的内容见第 3 章。

3）询单转化率

影响客服询单转化率的关键因素比较多，主管需要具备一定的洞察能力，通过客服的流失订单可以第一时间判断出是客服推荐产品不够专业、议价处理不够灵活，还是追单催付工作不积极。

以上三项核心数据在第 3 章中都有提及，针对这三项数据的能力提升，也都做了大篇幅的阐述。主管需要做的是，用最终的数据检验客服学习后的执行效果。这三项数据是考核客服能力的关键数据，也是主管平时要重点关注的。除了核心数据之外，还有一些参考数据可以从侧面反映出客服的工作态度。

2．参考数据

参考数据通常不细分到每项具体数据，比如回复率、答问比、接待量、接待时长和挂起时长。这些数据不存在太多的技术含量，基本上会包含在客服岗位要求里。店铺要列出自己统一的标准，监督客服执行，根据客服的分数高低，主管会在绩效评分里做加减。

数据对每位客服都是真实的、公平的，而隐藏在数据背后的影响因素却是不同的，主管要有能力分析并给出解决方案。在客服的每月综合考核中，数据考核占 70%，还有 30% 是聊天质检的打分。

5.3.2 聊天质检

客服聊天质检是客服主管的一项日常工作，更是一项重中之重的工作。任何没有检验结果的培训都是不完整的培训。客服主管明明教过推荐尺码的方法，但是客服还是让客户自己看详情页的尺码表，对于要求了却在工作中不执行的问题，就要靠绩效进行监督管理。

质检的订单通常是随机抽取的，在客服的绩效软件里有成交、流失、服务三个板块的订单明细，如图 5-7 所示。在前面的数据分析里分别提到，在客单价低的时候，查看已成交的订单；而在转化率低的时候，主要分析询单流失和下单未付款的明细；如果响应时间不达标，则在未回复和慢响应的明细里抽取订单。

成交 ▼	旺旺接待列表	共61条记录	
店铺销售记录	日期	开始时间	结束时间
旺旺销售明细	2018-12-09	08:14:21	08:14:21
静默销售明细	2018-12-09	08:32:27	08:32:27
商品销售明细	2018-12-09	08:40:12	09:14:47
静默商品销售明细	2018-12-09	08:44:50	08:44:50
手工折扣明细	2018-12-09	08:59:16	13:05:04
协助服务明细	2018-12-09	08:59:34	08:59:34
旺旺退款明细	2018-12-09	09:02:36	09:27:38
静默退款明细	2018-12-09	09:04:48	15:01:42
	2018-12-09	09:14:56	10:52:28
	2018-12-09	09:19:02	09:49:26
流失 ▼	2018-12-09	09:36:22	10:18:33
询单流失明细	2018-12-09	10:05:07	10:22:06
下单未付款明细	2018-12-09	10:09:13	10:22:24
静默下单未付款明细	2018-12-09	10:41:27	11:35:02
	2018-12-09	11:00:20	11:09:06
服务 ▼	2018-12-09	11:04:15	11:23:44
未回复明细	2018-12-09	11:22:06	11:23:35
慢响应明细	2018-12-09	11:40:59	11:40:59
长接待明细	2018-12-09	11:50:53	11:53:27
E客服评价明细	2018-12-09	12:04:31	12:09:02
接待未邀评明细			
中差评明细			

图 5-7 成交、流失、服务三个板块的订单明细

　　对于抽查出的订单问题，店铺需要制定统一的打分标准，如果只是凭主管的个人喜好打分，那么很难得到所有客服的认可。这个打分的标准就是店铺客服的 QC 表（客服聊天质量检查表，下文统称 QC 表）。每个店铺的主管都需要有能力制定一份客服的 QC 表，主管（质检专员）要对客服的聊天记录进行抽查，依据 QC 表的标准进行合理的打分。

　　客服聊天质检的打分项一般由服务态度、服务能力和服务流程三部分组成。客服的考核分数可以通过表格统计，如图 5-8 所示，也可以根据自己店铺需要提升的重点项设置，比如店铺客服的服务意识薄弱，经常因为一些态度问题错失客户，主管就可以适当地把服务态度分数的占比提高。

客户中心QC评分表														
月份：12月			岗位：售前												
序号	信息			服务态度占30%					服务能力占40%			服务流程占30%		总分	评定描述	对话预览
	日期	旺旺号	顾客旺旺ID	开始语	结束语	再次问候	等待礼节	文字运用	耐心度	说明力	销售技巧	快捷语	业务遵守	业务操作			
				5	5	5	5	5	5	15	20	5	20	10	100		

图 5-8

通过数据分析和聊天质检两项工作，主管对于自己店铺客服的能力，对于他们擅长或者不足的地方都应有综合的分析，最后根据客服团队需要完成的目标制定客服团队的绩效方案。

5.3.3 绩效方案

首先，绩效是检验工作成绩的重要标准。其次，绩效有利于整个团队的激励。好的绩效一定要奖惩有度，奖励做得好的客服，让优秀的客服有晋升的机会，而对那些不合格的客服，通过再培训、绩效扣分，并最终淘汰，完成客服团队整体水平的提升。制定绩效方案的过程要符合以下 3 个原则。

1．简单化

主管一定要向客服详细地解读考核的绩效，要让客服明白在工作中数据需要达到什么标准、聊天质检的打分标准，要让客服明白哪些行为会给自己加分，而哪些行为又会被扣分，要让每位客服都清楚地知道好的标准，从而调整自己的努力方向。

2．数据化

数据是最直观的结果。绩效考核的标准数据一般有两个参考指标。一是店铺平均水平，如图 5-9 中的店铺平均值。主管可以针对自己的店铺把这些值换成固定值。主管既不能按照最高标准设置数据，让大家每月都被扣钱，又不能按照最低标准要求，那样的话客服对于 KPI 考核一点压力都没有，同样会缺乏工作的积极性，绩效考核就完全失去了意义。二是行业的数据。我见过一些疏于管理的团队，店铺客服的询单转化率不足 30%，而这个类目的大多数店铺都可以做到 40%，那么设置 30% 的询单转化率标准就自欺欺人了。

序号	KPI指标	评定描述	评定标准	分值	权重	得分
1	首次响应时间	首次客户接待响应时间	$x \leq 3$秒	120	5%	
			3秒$< x \leq 6$秒	100		
			6秒$< x \leq 10$秒	80		
			$x > 10$秒	60		
2	询单转化率	最终下单人数/咨询人数（按月接待人数2000人以上为基数）	$x >$店铺平均值$\times 110\%$	120	40%	
			店铺平均值$\leq x \leq$店铺平均值$\times 110\%$	100		
			店铺平均值$\times 90\% \leq x <$店铺平均值	80		
			$x <$店铺平均值$\times 90\%$	60		
3	平均响应时间	每天客户接待平均响应时间	$x <$店铺平均值$\times 90\%$	120	10%	
			店铺平均值$\times 90\% \leq x <$店铺平均值	100		
			店铺平均值$\leq x \leq$店铺平均值$\times 110\%$	80		
			$x >$店铺平均值$\times 110\%$	60		
4	客件数	每个客人平均购买件数	$x >$店铺平均值$\times 110\%$	120	15%	
			店铺平均值$\leq x \leq$店铺平均值$\times 110\%$	100		
			店铺平均值$\times 90\% \leq x <$店铺平均值	80		
			$x <$店铺平均值$\times 90\%$	60		
5	技能态度	回答时专业技能、接待话术、服务态度，包括售后接待服务态度	定期抽查，由主管打分	100	30%	
				80		
				60		

图 5-9

3. 操作化

绩效考核的目的从来都不是扣钱，主管设置每项数据，都应该符合店铺的实际情况。比如，你们店铺的接待量为300多个人，你要求客服平均响应时间达到15秒，这就不太合理了。曾经有一个店铺的主管和我沟通，说他要求客服的转化率达到70%，我问他现在有几位客服能达到这个水平，他说只有一位老客服偶尔可以达到70%的转化率。这种数据对于大多数客服来说是可望而不可即的，同样是不合理的。

文中的绩效考核是比较通用的一个版本，适合于大多数的中小客服，里面的KPI指标选项和权重都可以自定义添加或者删减。一些更加成熟的客服团队有单独的质检部门，有员工的综合考核评定体系，这就不是本节涉及的范围了。

除了日常的绩效考核之外，店铺还要有客服层级和职务的综合评分考核。比如，客服会有不同的层级（如初级、中级或者高级），还会有不同的职务（如客服组长、客服经理等职位）。店铺要有奖惩合理的绩效考核，有上升通道的综合评分，这样客服团队才更加稳定。

知道和做到是世界上"最远的距离",而绩效考核正是这条正确的道路。

团队管理工作主要是围绕用、育、留三个环节进行的,在团队搭建的时候使用合适的人员,在培训中培养合格的岗位人员,而在绩效考核中选择留用更优秀的客服。从团队搭建到系统培训,再到绩效考核,是在不断地成长和迭代。好的团队管理可以助力团队达成目标,促进团队成员的成长。

本章小结

本章对客服主管的三个核心工作(团队搭建、团队培训和团队绩效)进行了详细的介绍。我在很多店铺做诊断内训时,都再三强调,一个强大的客服团队,三分在教,七分在执行,而执行的最核心人物就是一位优秀的客服主管。通过本章的学习,客服主管可以清晰地了解工作的流程和重点,做到有的放矢,带领客服团队提高整体的服务质量和服务能力。

本章习题

1. 选择题

(1)搭建一个新的客服团队,主管首先要考虑以下哪几个方面的问题?

    A. 科学配比合理的客服人数

    B. 分配并管理店铺的子账号

    C. 设置店铺的常用快捷短语

    D. 定出店铺的客服质检标准

(2)合理的客服团队人数通常是如何计算出来的?

    A. 按照主管自己的工作经验

    B. 客服人数尽量少,可以节约成本

    C. 通过公式计算出合理人数

    D. 客服人数尽量多,可以分担流量

（3）店铺设置的快捷短语通常有哪些？

　　A. 进店的自动回复

　　B. 平台的规则问题

　　C. 客服的个性化回复

　　D. 店铺的产品问题

（4）以下哪条不属于店铺的岗前培训内容？

　　A. 平台规则

　　B. 千牛操作

　　C. 店小蜜设置

　　D. 产品知识

（5）以下哪些是客服绩效考核的数据？

　　A. 首次响应时间

　　B. 平均响应时间

　　C. 客单价

　　D. 询单转化率

2. 判断题

（1）店铺客服只需要做好岗前培训就可以了。

（2）对于店铺的客服子账号，按照工作所需要的权限设置部分授权即可。

（3）新客服的培训通常以解决常见问题为重点。

（4）绩效方案要设置得越完善越好，尽量把所有数据都包含在内。

（5）聊天质检是客服主管日常工作中的核心工作。

第 6 章

智能客服体系

客服部门往往是电商运营公司中人数比较多的部门之一,也是管理难度比较大的部门之一。客服作为电商职业化过程中最先职业化的一个职业,从诞生到今天已经有10多年的历史了,慢慢地发展为有数据化管理、有详细绩效管理方向的岗位之一,但是在越来越快的电商发展中,客服逐渐暴露出了很多短板,无法满足电商企业的需求。

客服团队的主要痛点包括以下几个:

(1)店铺的商品多,有的店铺的商品甚至超过1000种,而人的记忆非常有限,客服在回复客户问题的时候,基本上依靠临时查看商品详情页,影响了接待速度和客户体验。

(2)客服的上班时间相对固定,在夜间无法服务,当店铺做活动或咨询量暴增时无法迅速提高接待速度。

(3)绝大多数客户咨询的问题重复度偏高,客服容易出现疲态,进而回复简单化。

(4)对于店铺运营活动的策略,客服理解得不透彻。对于活动类问题,客服基本为一问一答,运营活动思维难以传递给客户以达到提升客单价的目的。

(5)人员成本逐年上升,而中国的很多商品原产地电商企业比较集中,在旺季招人,在淡季辞人,团队成员不稳定。

(6)客服团队成员的年龄普遍偏小,年轻化团队管理难度大。

电商运营公司渴望自由度高、人员灵活切换、回复及时且精准的客服团队,简单来说就是易管理、低成本、高产出。在这种大形势下,智能客服应运而生,可以帮助企业解决上述的痛点问题,提升电商团队的服务能力,提高客户的购物体验。

本章将以阿里巴巴官方提供的售前智能化工具阿里店小蜜(简称店小蜜)为读者介绍在售前和售后情况下智能化工具在实际工作场景中的应用以及操作逻辑规范。

目前,智能客服的使用场景涵盖了几乎所有售前模块和大部分售后模块,其中售前模块包括商品推荐、尺码推荐、商品介绍、活动介绍、关联推荐、发货时效、快递物流、包装发票、跟单催付、核对订单等。

随着智能客服应用的逐步普及,智能客服训练师这个岗位就诞生了。智能客服训练师是对智能客服售前、售后工具的调试及操作人员,保证智能客服售前、售后工具以最优质的状态服务客户,最大限度地提升工作效率,降低团队运营成本。主要工作内容包括客户问题测试、客户问题归类、话术制作及优化、店铺商品上新、店铺活动配置、数据统计分析、转化率优化、转人工率优化、答案正确率优化。

6.1 阿里店小蜜基本功能介绍

6.1.1 阿里店小蜜的运行模式及接待逻辑

传统客服接待客户是由千牛根据售前、售后分组以及每个子账号的分流设置的，千牛把客户统一分配到每个子账号上，客服只需要接待分配的客户，把部分解决不了的问题转接给团队其他同事处理。客服日常应用的工具包括千牛机器人等。这一类传统的回复工具基本上以关键词为主，只能重点解决与发货、快递、活动等有关的简单的高频问题，不能针对特点商品进行回复，并且回复相对笼统，针对商品的问题需要单独准备回复，而客服的回复质量受商品知识、打字速度等影响较大，且响应时间受同时接待的客户数影响。

阿里店小蜜是阿里巴巴推出的商家版智能客服机器人，2016 年 8 月 1 日第一版上线，2016 年 12 月 27 日开启公测，2018 年 8 月 13 日 1.0 正式版上线。其主要的智能接待模式包括全自动模式和智能辅助（半自动）模式。

1. 全自动模式及接待逻辑

全自动模式是阿里店小蜜主要的接待模式之一，由阿里店小蜜独立接待客户。当客户提出的问题店小蜜无法理解或命中到全自动设置的直连人工场景时，客户被转接到人工客服继续接待。下面我们介绍一下店小蜜的后台运作逻辑。

第一步，千牛把客户分流至全自动机器人。

第二步，机器人自动发送欢迎语及快捷卡片。

第三步，意图识别客户问题并回复。

第四步，无法理解或命中全自动设置的直连人工场景无缝转接人工，在转人工时可按照意图识别转接人工售前或售后。

第五步，可以通过查看接待过的客户找到转人工失败的客户手动分配给客服（转人工失败的情况一般在任何客服都不在线或挂起时才会出现）。

我们可以从图 6-1 中了解全自动模式。

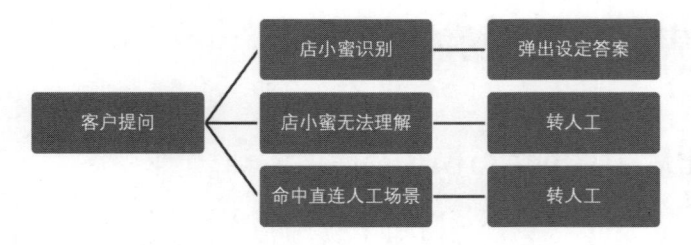

图 6-1 全自动模式

目前，全自动模式有三种接待方式，分别是人工优先、助手优先、混合接待，如图 6-2 所示。

图 6-2 全自动模式的接待方式

助手优先指的是客户开始咨询后将优先由店小蜜接待，当店小蜜无法解决时转人工处理，此模式适合调试数据正常阶段的店小蜜情况。混合接待指的是千牛按照自动化分流分配设置比例的客户由店小蜜优先接待，其余的客户由人工正常接待，此模式适合调试阶段的店小蜜情况。人工优先指的是只有当参与分流的账号全部下线或全部挂起时才会由店小蜜开始自动化接待，此模式适合夜间开启或临时顶替客服工作的情况。

2. 智能辅助（半自动）模式及接待逻辑

智能辅助依附于客服账号和客服一起接待客户，相当于客服的智能助手，也称为半自动机器人。智能辅助模式包括自动回复和推荐回复两种模式，实际上还是由人工客服接待客户。

智能辅助模式主要有两个特点：

（1）代替客服自动回复。客户端仍显示人工客服账号回复，对高准确率匹配问题自动回复，回复内容来源于自动挖掘的客服常用话术和店小蜜知识库。

（2）推荐回复话术供客服选择。当精准度不满足自动回复条件时，智能辅助模式给客服提供推荐回复，回复内容来源于店小蜜知识库、自动挖掘的客服常用话术和自学习全店聊天记录。

如图 6-3 所示，当有推荐回复内容时，会自动弹出推荐回复框，推荐回复最多显示两条供选择，客服可以通过点击推荐区域或按快捷键发送，按 F1 键默认回复第一条推荐内容，按 F2 键默认回复第二条内容。

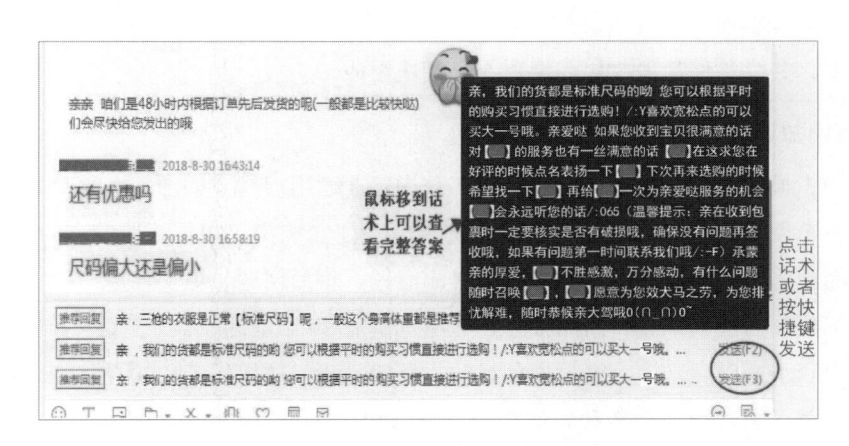

图 6-3　智能辅助模式回复

在下列场景中，我们推荐使用阿里店小蜜智能接待模式。

（1）在客服下班后。客服开启全自动模式，选择人工优先模式，无须电脑挂机。目的是及时响应，保障询单转化，减少客户因为等不及而转移到别的店铺购买的情况。

（2）同时接待 5～10 人。客服开启智能辅助模式，无须关闭全自动模式，选择人工优先模式即可，在人工客服下班后或全挂起时会自动接待。目的是缩短客服响应时长，提升询单转化率，让客户感知是同一个人在服务。

（3）同时接待 10 人以上。客服开启全自动模式，选择助手优先模式，同时开启智能辅助模式。目的是降低店铺的人力成本，让重复、简单的问题由全自动模式接待，把疑难问题转接人工接待，人工接待过程中的简单问题由智能辅助模式自动或推荐回复。

6.1.2 阿里店小蜜的后台功能模块介绍

阿里店小蜜的后台功能模块主要分为知识库、全自动模式、智能辅助模式、数据看板。接下来，我们将逐一给大家详细介绍这几个功能模块的具体知识。

1. 知识库

阿里店小蜜的知识库可以被理解为店小蜜的大脑，所有的回复问题和答案话术都在这个区域编辑，店小蜜弹出的答案和智能辅助模式出现的答案都出自这个模块，而且知识库的维护也是智能客服训练师主要的工作内容之一。店小蜜的知识库由店铺知识、应急关键词、测试窗、关联条件管理、导购设置 5 个模块组成。

1）店铺知识

店铺知识模块是店小蜜最重要的模块，分为行业通用问题（如图 6-4 所示）、行业包问题（如图 6-5 所示）、自定义问题（如图 6-6 所示）3 个大类，根据问题的方向又分为聊天互动、商品问题、活动优惠、购买操作、物流问题、售后问题、更多问题 7 个大类，这 7 个大类又细化分为尺码推荐、商品推荐、适用范围等 30 个问题小类。

在开启店小蜜以后，店小蜜根据各行业类目的高频问题提供了 200 种以上的问法和推荐答案，涵盖了大部分活动类和售后类的对应问题。在开启店小蜜后首先要选择相应的行业包，在选择行业包以后，还需要选择品类的几十个关于商品问题的问法。行业通用问题和行业包问题基本涵盖了 70% 左右的客户高频提问问题，基本可以满足最简单的使用，而行业通用问题和行业包问题不涵盖的问题就需要商家手动添加自定义问题来完成对客户问题的覆盖。

问题描述	买家问法示例	客服答案 ∨ (查看答案规则)	行业通用 ∨	问题分组
机器人 消费者咨询是客服还是机器人	是机器人吗	亲,{昵称}是智能客服哦,您有什么问题可以跟我说呢,需要人工客服的话可以… 第一次回复 ∨ +增加答案　恢复默认	全部 行业通用 服装行业	聊天互动- 问候类
骚扰 消费者表示打扰或影响到您休息了	影响你休息了	不会的哦亲,{昵称}是智能客服,24小时为您服务~ 第一次回复 ∨ +增加答案　恢复默认	行业通用	聊天互动- 问候类
忙否 买家咨询客服是否忙碌	在忙吗	只要亲一呼唤,马上来到您面前。 第一次回复 ∨ +增加答案　恢复默认	行业通用	聊天互动- 问候类
问下 买家表示要提问	想问下	嗯嗯,{昵称}一直都在呢,有任何问题都可以随时发问哦 第一次回复 ∨ +增加答案　恢复默认	行业通用	聊天互动- 问候类

图 6-4　行业通用问题

订阅中心

行业通用 251条	手机行业 39条	服装行业 49条	鞋类行业 25条
☑ 订阅	☐ 订阅	☑ 订阅	☐ 订阅
零食行业 13条	洗护行业 32条	箱包行业 26条	3c数码行业 39条
☐ 订阅	☐ 订阅	☐ 订阅	☐ 订阅
美妆行业 46条	烹饪厨具行业 33条	大家电行业 60条	小家电行业 52条
☐ 订阅	☐ 订阅	☐ 订阅	☐ 订阅

图 6-5　行业包问题

图 6-6　自定义问题

我们在添加行业通用问题、行业包问题以及自定义问题的答案时，店小蜜除了给我们提供了文字回复外，还建立了丰富的答案体系。

（1）多答案。对客户提出的相同问题，可以针对不同商品定制不同回复（如图 6-7 所示）。

图 6-7　多答案

（2）图文答案。当对一些比较复杂的问题用文字答案解释说明时，可以在答案后添加一张图片作为辅助答案（如图 6-8 所示）。

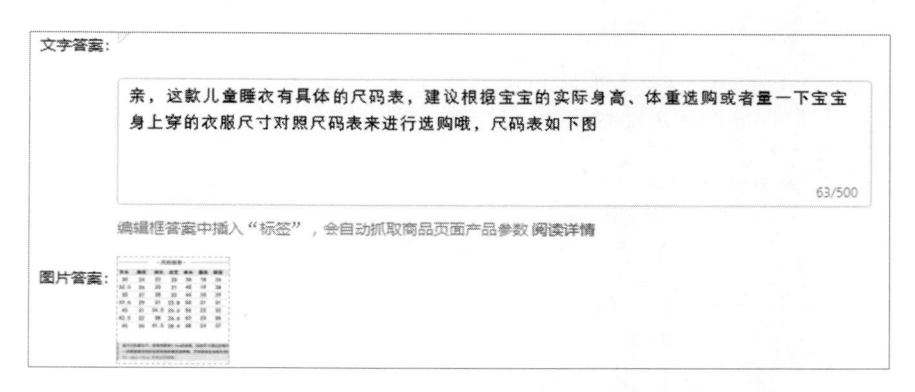

图 6-8　图片答案

（3）关联商品。每个答案可以有针对性地关联对应的多个相同属性商品，例如，客户在询问某件 T 恤的材质时，如果我们在答案中编辑的是纯棉材质，在关联商品时就可以关联店铺中都是纯棉材质的 T 恤（如图 6-9 所示）。

图 6-9　关联商品

（4）关联时效。我们可以针对时效进行关联（如图 6-10 和图 6-11 所示）。

图 6-10　关联时效（1）

图 6-11　关联时效（2）

（5）智能尺码推荐。在店铺知识中智能尺码推荐是针对服装、鞋类、母婴行业商家商品的独立功能，这个功能的主要使用场景为客户咨询如何选择尺码，店小蜜根据卖家选择的尺码表（如图 6-12 所示）主动询问客户身高、体重等对应参数信息，在获取客户数据后自动推荐对应的尺码（如图 6-13 所示）。

体重(kg) \ 身高(cm)	45.0 ~ 50.0	50.0 ~ 55.0	55.0 ~ 59.0	59.0 ~ 66.0
2.5 ~ 3.5	建议参考52	建议参考59	建议参考59	建议参考59
3.5 ~ 6.0	建议参考52	建议参考59	建议参考59	建议参考66
6.0 ~ 8.5	建议参考59	建议参考66	建议参考66	建议参考66
8.5 ~ 11.0	建议参考66	建议参考66	建议参考66	建议参考66
11.0 ~ 13.5	建议参考66	建议参考66	建议参考66	建议参考66
13.5 ~ 16.0	建议参考66	亲亲，麻烦再次核实您的	亲亲，麻烦再次核实您的	亲亲，麻烦再次核实您的

图 6-12 尺码表

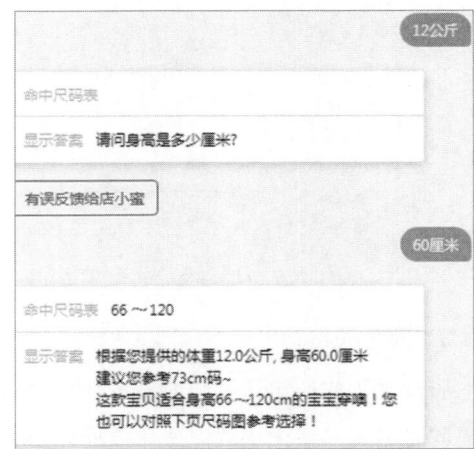

图 6-13 推荐对应的尺码

对于售后类问题，店小蜜也有独一无二的回复体系，我们称之为关联订单回复（如图 6-14 所示）。在物流类问题和售后类问题这两大类行业通用问题中，店小蜜可以对客户询问的订单在不同的时段（包括未下单咨询、已下单未付款、已下单已付款、已下单卖家发货未签收、已下单卖家发货已签收、已下单交易成功、已下单交易关闭、已下单卖家部分发货等时段）有针对性地回复客户的提问。

图 6-14　关联订单回复

2）应急关键词

店铺知识模块可以在日常会话中解决客户的单个问题，但是当遇到突发性、集中的客户提问时店铺知识模块就无法有效处理，这时候我们就需要用到应急关键词模块（如图 6-15 所示）。应急关键词的识别优先级是店小蜜中最高的，需要谨慎配置。使用场景一般包括店铺活动或大促。

应急关键词的特点如下：

（1）优先级：最高，即应急关键词 >店铺知识。

（2）回复逻辑为包含就回复，即只要客户问题中含有已配置的应急关键词或词组就会命中并回复答案。

本页配置适用于在买家问题突发、集中且【店铺知识】无法有效处理的情况下，应急用关键词匹配来命中买家问题并回复。
关键词匹配优先级＞店铺知识，配置时用词要谨慎哦！
配置规则：
1、最多可设置10类问题；
2、每一类问题，最多可设置10个关键词或词组，请在每个空格处填入关键词或词组，填不满10个，可为空。
3、词组可由多个词组成，买家问题中必须含所有词才会命中回复答案，输入时候请用"+"连接，比如在其中一个格子中填入词组"双十一+退款"。
4、不建议使用纯数字（宝贝id除外）作为关键词或词组，如"99" "99+2"，易导致匹配到宝贝链接中的数字，回复出错。
配置举例：
关键字：500减50，五百减50，五百+五十
客服答案：亲，目前店铺全场满500减50，特价商品除外哦~
相关课程：如何使用"应急关键词" 所有店小蜜课程＞

热度	关键词	

图 6-15　应急关键词模块

3）测试窗

测试窗是知识库模块中一个比较重要的功能，主要用途是验证店小蜜对客户问题及答案的定位内容，并可以直接点击到答案上修改。测试窗可以在无须开启店小蜜的前提下对客户提问的问题进行测试，针对测试结果添加新的自定义问法或答案，测试窗应用逻辑如图 6-16 所示。

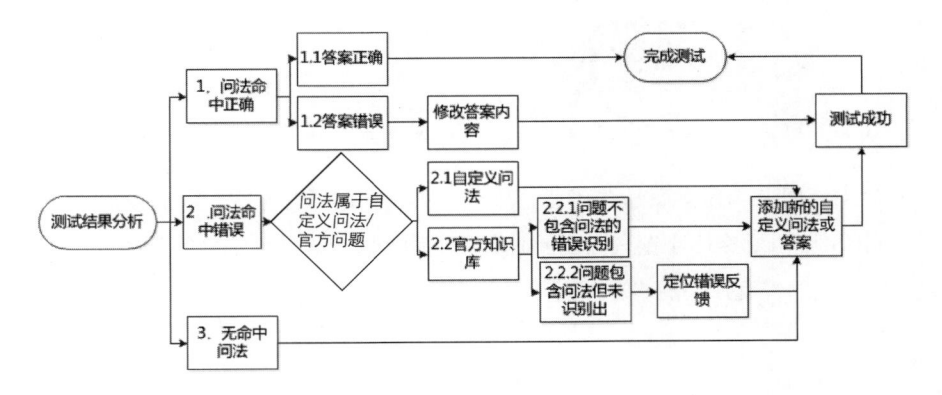

图 6-16　测试窗应用逻辑

店小蜜测试窗中可测试的场景如下：

（1）命中问法（官方知识库/自定义知识库）。如果问题被官方行业通用问题、行业包问题或自定义问题识别，就会弹出命中问法下的答案，如图6-17所示。

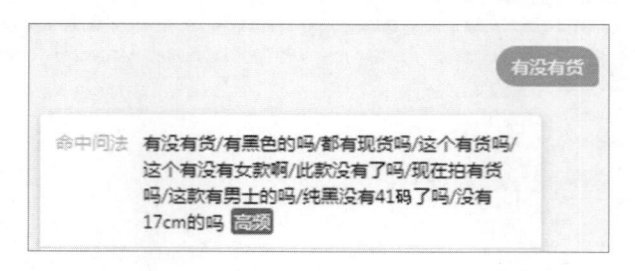

图6-17　命中问法

（2）命中关键词。如果问题命中关键词，就会弹出我们设定好的关键词规则的答案，如图6-18所示。

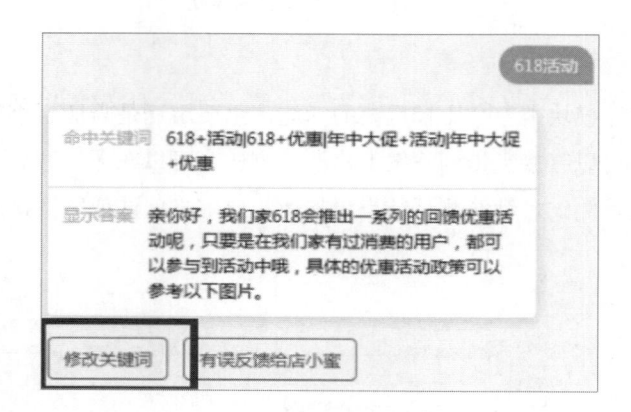

图6-18　命中关键词

（3）命中反问——提供商品链接或订单号。如果在问题答案中，我们设置了多个答案并关联了不同的商品，那么店小蜜在回复的时候会主动和客户确认他询问的商品链接，以保证弹出的是对应商品的答案，如图6-19所示。

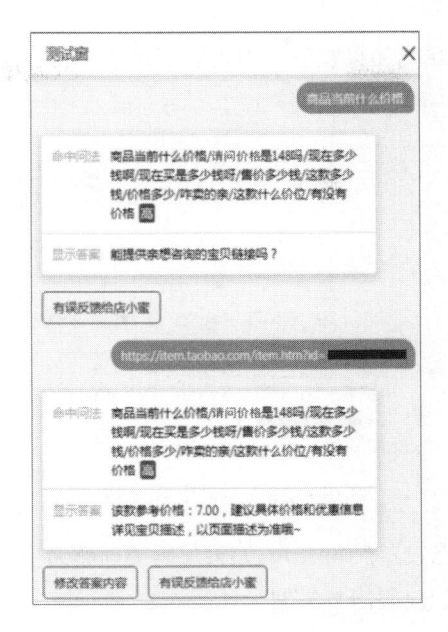

图 6-19　命中反问

（4）答案中带图片。我们如果在答案中设置了对应的图片辅助答案，这里就会同时弹出文字答案和图片答案，如图 6-20 所示。

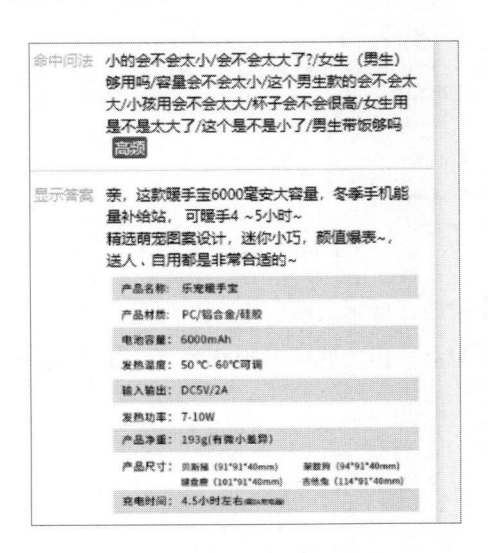

图 6-20　答案中带图片

（5）答案中带链接。我们如果在答案中设置了链接，那么这里会同时弹出链接，如图6-21所示。

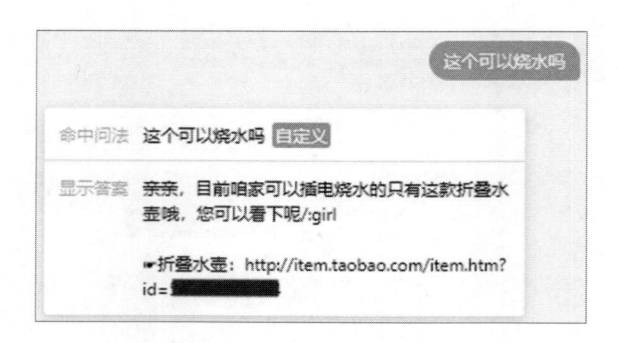

图 6-21　答案中带链接

（6）命中选码商品（已设置尺码表）。如果尺码类问题命中了已经设置的尺码表，就会根据测试的数据弹出对应的尺码回复答案（如图 6-22 所示）。

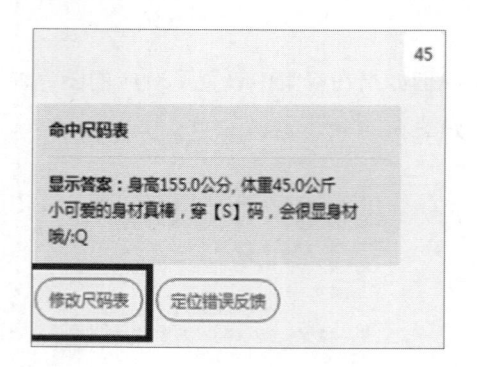

图 6-22　命中尺码表

（7）无命中，有关联问题（展示关联问题推荐列表）。如果打开关联问题推荐，那么在没有命中任何问法的情况下会弹出关联问题推荐列表，如图 6-23 所示。关联问题推荐会在全自动模式中介绍。

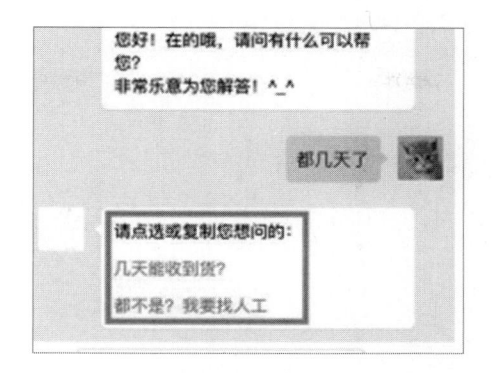

图 6-23 关联问题推荐列表

（8）无命中，无关联问题。如果测试问题没有命中任何问法，就会显示"命中问法 暂无"，这时候我们可以添加自定义问法，完善问题，如图 6-24 所示。

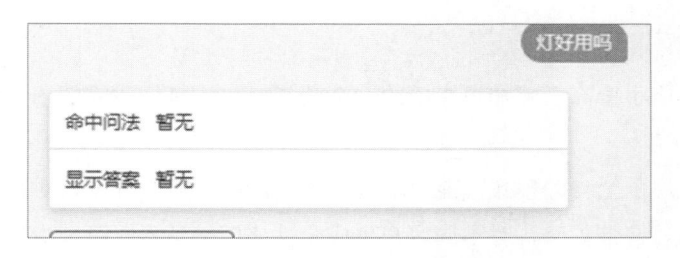

图 6-24 无命中，无关联问题

4）关联条件管理

关联条件管理用于对在编辑答案时"关联时效"的管理（如图 6-25 所示）。

"关联时效"可以对编辑的答案设置生效时间，比如，大促类答案只在活动期内有效，在设置关联时效后，一旦活动期结束，答案会自动失效不再回复。

管理规则如下：

（1）已创建的时效支持修改名字、时间，一经修改，所有关联该时效的答案的生效时间就会跟着变更。

（2）当删除某一个已创建的时效时，所有关联该时效的答案都会一起被删除。

图 6-25 关联条件管理

5）导购设置

导购设置是店小蜜高级版知识库中的一个功能模块，包括智能催拍、商品推荐、主动营销 3 个功能。

智能催拍应用于全自动模式，能自动判断客户的购买意愿程度，对高意愿且未成交客户进行智能催拍。在催拍时，对不同客户生成个性化催拍话术，可减少人工重复催单，在提升客户满意度的同时，提升客户的询单转化率。在开启智能催拍后，店小蜜将通过客户特征挑选出高意愿客户，在该客户咨询后 10 分钟仍未下单时，进行智能催拍。催拍话术可以根据店铺商品和活动自行设置，而且可以开启历史评价、活动优惠两种功能。历史评价会根据商品的历史评价摘取优质的评价信息。活动优惠会推荐商品或店铺可以使用的优惠券及店铺活动。智能催拍如图 6-26 所示。

图 6-26　智能催拍

商品推荐是店小蜜全自动模式中的重要功能，会在以下特定场景中进行个性化商品推荐，如图 6-27 所示。若一次会话出现多个推荐场景，则仅推荐一次。

（1）求购推荐。对于大多数行业，该功能能智能识别客户的求购意图（例如，帮我推荐一件短袖 T 恤），根据客户的喜好、浏览记录、商品特征等进行个性化推荐（需订阅对应的行业包问题）。

（2）无货推荐。当客户咨询的商品无货时，该功能可以根据客户的喜好、商品特征等进行个性化推荐。

（3）凑单推荐。该功能可以根据主动营销的优惠券的满减条件、客户喜好、商品信息等推荐凑单可满足该优惠券满减条件的商品（需要同时开启"主动营销"—"活动优惠"功能）。

（4）搭配推荐。搭配推荐分为系统搭配推荐和人工搭配推荐。在系统推荐中，客服可以勾选需要搭配推荐的场景，店小蜜将会根据店铺销量、客户喜好推荐搭配商品，也可以针对热门商品进行个性化搭配推荐，人工搭配结果将优先于系统搭配结果。

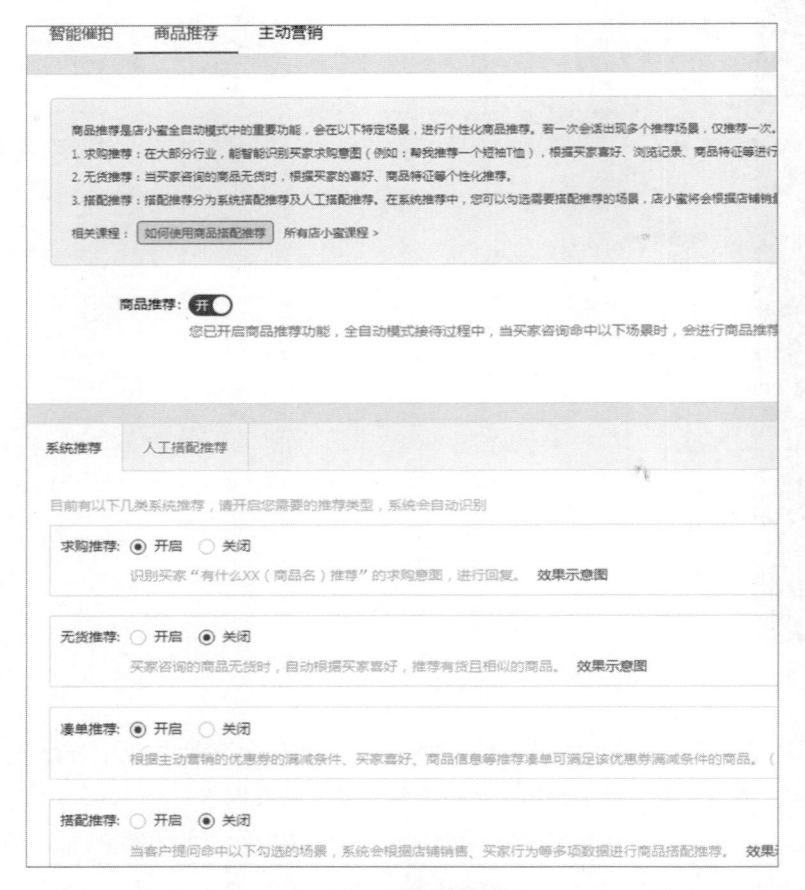

图 6-27　商品推荐

主动营销是指店小蜜针对高意愿客户在合适的时机，通过活动优惠、历史评价或者猜你想问（每次主动吐出 1~2 条最适合的营销内容），提升客户购买意愿或者挖掘客户潜在需求，最终促成成交，如图 6-28 所示。

① 历史评价。根据商品的历史正面评价，生成营销话术，推送给客户，让客户对商品产生好感。

② 活动优惠。在客户对商品表达有购买兴趣时，店小蜜将自动读取与该商品相关的店

铺优惠券进行主动推荐。

③ 猜你想问。猜测客户还可能存在的问题，主动反问，解决客户疑虑。

图 6-28　主动营销

2．全自动模式

全自动模式是店小蜜开启全自动模式前必须设置的一个模块，该模块包含欢迎语卡片设置、相关问题推荐、转人工配置、直连人工。我们在设置不同开启时段时要注意默认时段和自定义时段，默认时段是从 0 点到 24 点，也就是全天。自定义时段可以设置不同时段。如果自定义时段与默认时段冲突，那么自定义时段优先，如果未设置自定义时段，那么自动展示默认时段设置。

1）欢迎语卡片设置

我们可以根据店铺的活动和介绍设置欢迎语内容，欢迎语显示在客户首次提问后，如果超过 15 分钟客户没有继续发问，就视为一次会话结束。卡片问题一般设置为客户提问比较多的问题，以便客户在询问过程中自行选择问题，卡片会关联我们在知识库中可以设置的问题，当客户点击卡片后会自动弹出该关联问题的答案。卡片问题最多可以设置为 9 个，为防止客户点击设置的问题后无答案，在设置完问题后需关联知识库中的知识点。在知识关联成功后，如果删除了知识答案，那么客户看到的对应卡片问题将不显示。欢迎语卡片设置如图 6-29 所示。

图 6-29　欢迎语卡片设置

2）相关问题推荐

当因设置相关问题推荐后，在店小蜜对部分问题的理解产生疑惑时，店小蜜会主动询问客户的意图，匹配设置的类似知识库答案，如图 6-30 所示。

图 6-30　相关问题推荐

3）转人工配置

转人工配置指的是当店小蜜无法回答客户问题时系统转接人工的设置，分为"自动"和"手动"两种，如图 6-31 所示。设置"自动"后客户无须点击"转人工"按钮，设置"手动"后客户需点击"转人工"按钮。仅手动转人工需设置引导语，当机器人无法回答问题时会显示商家自定义的"转人工引导语"+系统引导语"点此转人工客服"。

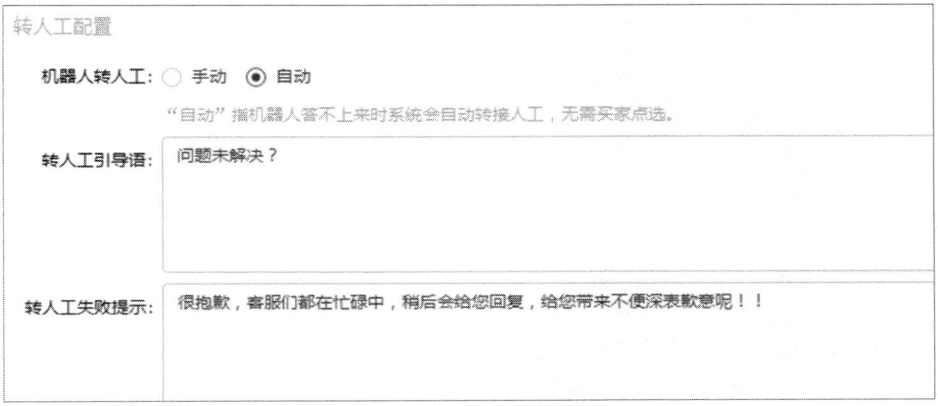

图 6-31　转人工配置

当客服都离线或挂起时，转人工会失败，显示转人工失败提示。这里可以根据不同的开启时间进行设置，例如在晚上开启时可以告知客户是机器人接待的，请客户谅解，并提示人工客服的上班时间。

4）直连人工

该功能为店小蜜高级版功能，当客户咨询的问题命中后直接由人工接待，此类直连一般为售后问题。直连人工选项包括补发重发、我要换货、我要投诉、修改收货信息、未收到货、退差价、发票缺失、退货退款、安装费用、修改订单属性、退款进度、开发票、质量问题、发送图片、发票内容、反馈少件、订单备注等，卖家可以根据店铺售后处理的情况进行勾选，如图 6-32 所示。

图 6-32　直连人工

3. 智能辅助模式

智能辅助模式是辅助客服一起接待客户，辅助客服快速回复、响应客户的一种智能服务模式。该功能模式有子账号授权和常用话术两个功能模块。智能辅助模式同样会调取知识库的问题库和话术库，当客户的问题与知识匹配度达标时，店小蜜会自动回复（全自动模式的匹配度要求为 90%，智能辅助模式的匹配度要求为 95%）。

1）子账号授权

子账号授权可以授权售前或售后接待的客服采用智能辅助模式，除了可以调取知识库话术外，还可以调取客服个人话术回复客户问题。开启方式简单，只需要授权即可，如图 6-33 所示。

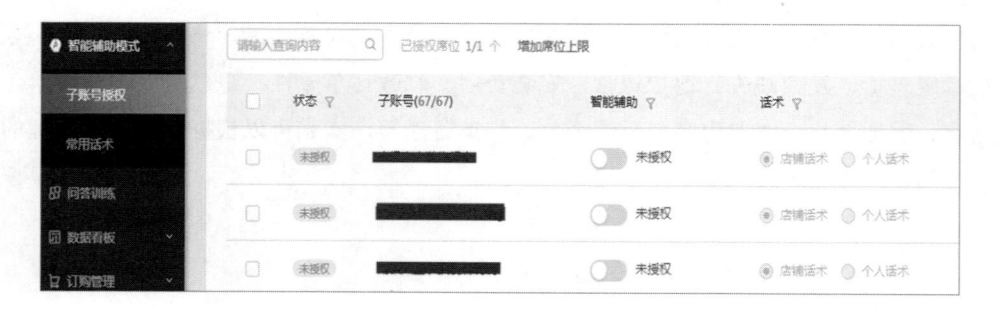

图 6-33　子账号授权

2）常用话术

常用话术仅用于智能辅助模式，目前店铺和个人常用话术之间没有优先级，二者是互斥的，只能二选一。客服在开启智能辅助模式后，自动回复的内容会优先选用常用话术进行回复，优先级大于店小蜜知识库。

每周一、周四 15 点系统会自动更新近 30 天内的常用话术，最多展示 100 条，并标识该条常用话术仅支持推荐，还是对推荐或自动回复都支持。在更新后要及时校验判断常用话术是否可用，常用话术支持删除操作，但不支持修改或添加操作。

4．数据看板

店小蜜的数据看板主要用于查看店小蜜的接待数据情况，帮助智能客服训练师更好地优化店小蜜的回复，提升客户的询问体验，提升店小蜜的接待能力和询单转化能力。数据看板主要由全自动数据、智能辅助数据两个模块组成。

1）全自动数据

全自动数据主要反映店铺在开启店小蜜全自动模式下的数据，分为排名、接待和转人工率、询单转化、欢迎语、智能催拍、商品推荐 6 个模块。

（1）排名。排名反映全自动数据在店铺所属类目的排名情况和基础数据情况。基础数据情况包括使用情况（包含近 14 天使用天数、全自动接待占比，全自动接待占比 = 全自动模式机器人接待的人数 / 店铺总接待人数）、智能服务水平（包含转人工率，转人工率 = 店小蜜转人工的人数 / 全自动模式下机器人接待的人数）、知识库配置水平（包含店铺知识完善度、自定义问题条数、是否配置尺码表、欢迎语卡片点击率，其中店铺知识完善度根据知识库是否配置答案和是否配置通用答案计算）、询单转化（包含全自动询单转化率、人工询单转化率、全自动成交占比，全自动成交占比=全自动模式参与的成交金额/店铺当天总成交金额，含静默下单）这 4 项数据，以及这 4 项数据的行业前三数据及行业平均数据。店小蜜根据这 4 项数据计算类目的排名，如图 6-34 所示。

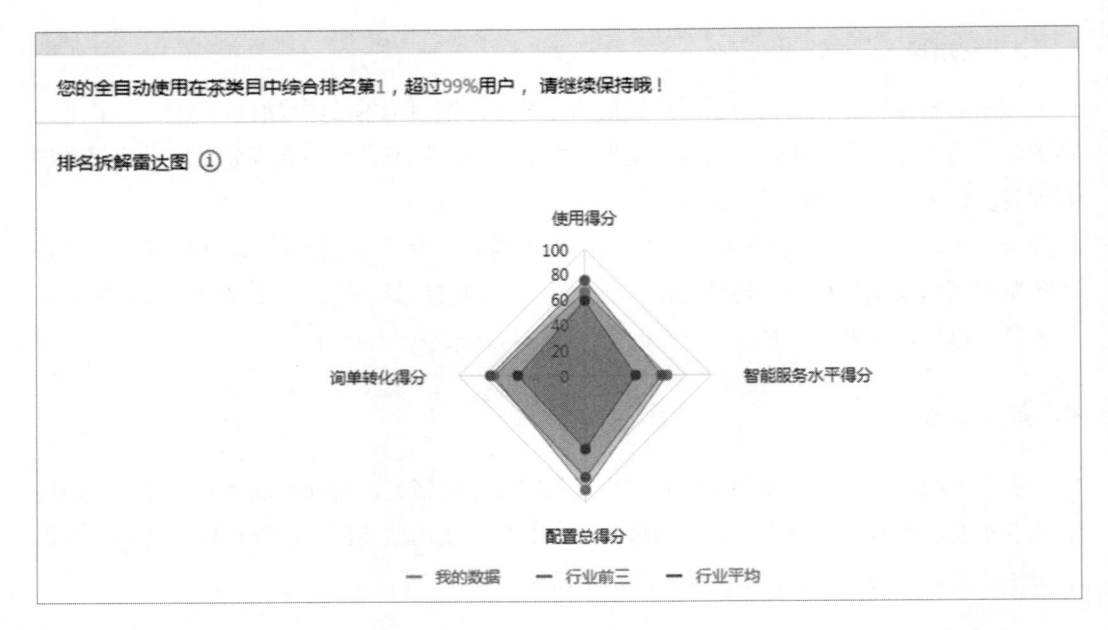

图 6-34 排名

（2）接待和转人工率。接待和转人工率包含全自动接待和转人工率数据、全自动接待和转人工率拆解、咨询问题和咨询商品四个模块。

① 全自动接待和转人工率数据。这里的数据主要反映店小蜜的接待能力，转人工率越低证明店小蜜的接待能力越高。这里主要有 4 个数据：全自动接待人数、全自动接待占比、全自动请求转人工率、相当于客服工作人/日。接待和转人工率如图 6-35 所示。

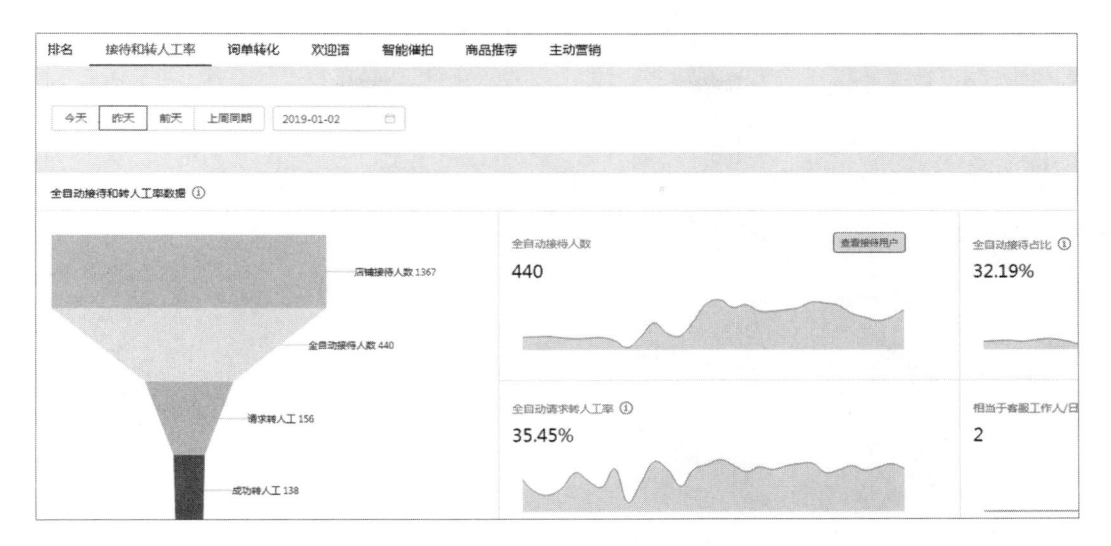

图 6-35 接待和转人工率

② 全自动接待和转人工率拆解。如图 6-36 所示，店铺接待会话数分为命中知识、命中直连人工问题、客户首句输入"转人工"、未命中知识无答案回复、未命中知识出相关问题推荐几种情况。其中命中知识分为看到答案后离开、看到答案后输入"转人工"、无答案三种情况。

在上述的几种情况中，看到答案后输入"转人工"、命中知识—无答案、未命中知识无答案回复、未命中知识出相关问题推荐这 4 种情况为引起转人工的情况。

命中知识—无答案是因为没有配答案或者答案没有覆盖全部店铺内商品等，这可以帮助智能客服训练师判断哪些问题没有配答案或答案未全部覆盖店铺商品。

未命中知识的问题一般是由于店小蜜问题没有覆盖导致的，对于这些问题智能客服训练师应该寻找咨询次数多的问题并添加自定义答案，以便降低店小蜜的转人工率。

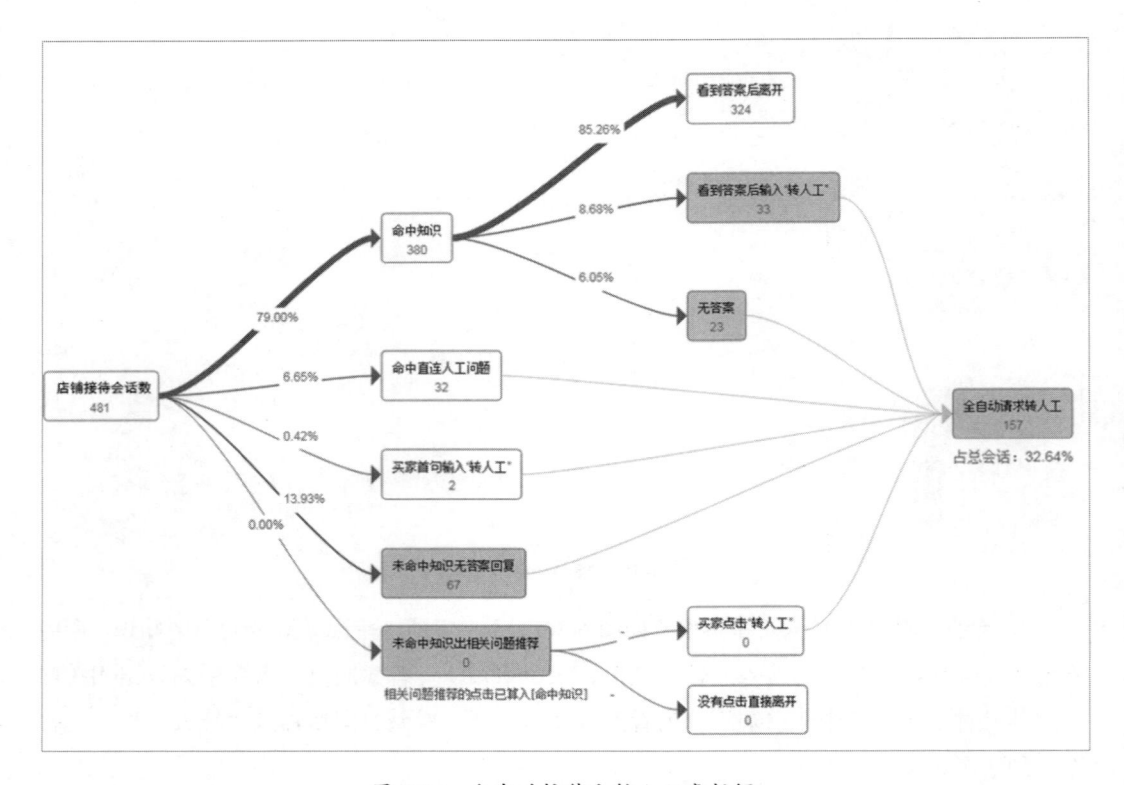

图 6-36　全自动接待和转人工率拆解

③ 咨询问题。咨询问题模块是店小蜜根据每天的客户问题对命中情况的汇总,可以作为整理、添加自定义问题和设置直连选项等的重要参考,分为命中知识、命中后无答案的知识、命中看到答案要求转人工、未命中知识的问题,如图 6-37 所示。

对于这个模块,我们最需要关注命中后无答案的知识及未命中知识的问题。针对命中后无答案的知识,我们应该查看答案是否与商品关联完善,是否有上新的商品没有做答案覆盖。针对未命中知识的问题,我们可以有选择性地添加自定义问题以完善问题覆盖。

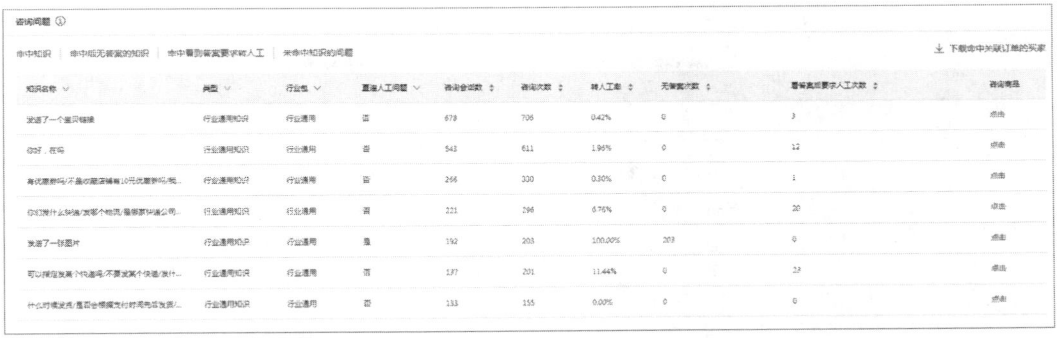

咨询问题

命中知识 | 命中但无答案的知识 | 命中看到答案要求转人工 | 未命中知识的问题　　下载命中关联订单的买家

知识名称	类型	行业包	直连人工问题	咨询会话数	咨询次数	转人工率	无答案次数	看答案后要求人工次数	咨询商品
发送了一个宝贝链接	行业通用知识	行业通用	否	678	706	0.42%	0	3	点击
你好，在吗	行业通用知识	行业通用	否	543	611	1.96%	0	12	点击
有优惠券吗/不是收藏店铺有10元优惠券吗/我...	行业通用知识	行业通用	否	266	330	0.30%	0	1	点击
你们发什么快递/发哪个物流/是哪家快递公司...	行业通用知识	行业通用	否	221	296	6.76%	0	20	点击
发送了一张图片	行业通用知识	行业通用	是	192	203	100.00%	203	0	点击
可以指定发某个快递吗/不要发某个快递/发什...	行业通用知识	行业通用	否	137	201	11.44%	0	23	点击
什么时候发货/是否会根据支付时间先后发货/...	行业通用知识	行业通用	否	133	155	0.00%	0	0	点击

图 6-37　咨询问题

④ 咨询商品。咨询商品分为热门商品和热门类目两个模块，如图 6-38 所示。在这里我们可以查看店铺的哪些商品的店小蜜转人工率比较高，该商品的哪些问题的转人工率比较高，以便帮助智能客服训练师分析、优化转人工问题和答案。

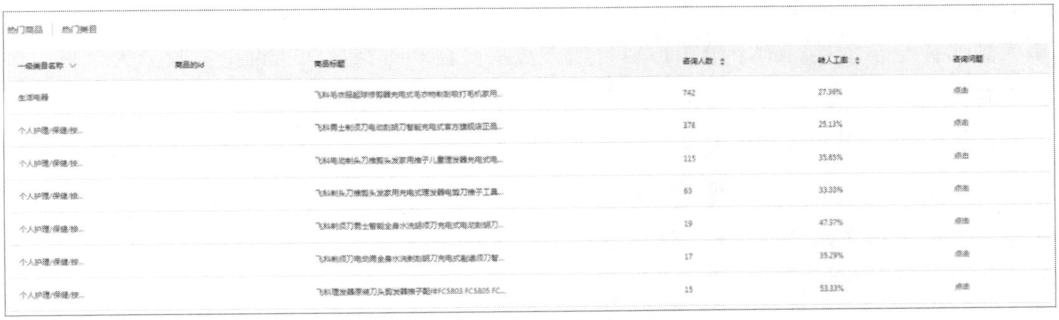

热门商品 | 热门类目

一级类目名称	商品的id	商品标题	咨询人数	转人工率	咨询问题
生活电器		飞科毛衣服起球修剪器充电式毛衣呢刮剃吸打毛机家用...	742	27.38%	点击
个人护理/保健/按...		飞科男士剃须刀电动刮胡刀智能充电式官方旗舰店正品...	378	25.13%	点击
个人护理/保健/按...		飞科电动剃头刀推剪头发家用推子儿童理发器充电式电...	115	35.65%	点击
个人护理/保健/按...		飞科剃头刀推剪头发家用充电式理发器电推刀推子工具...	63	33.33%	点击
个人护理/保健/按...		飞科剃须刀男士智能全身水洗胡须刀充电式电动刮胡刀...	19	47.37%	点击
个人护理/保健/按...		飞科剃须刀电动男全身水洗刮胡刀充电式刮胡须刀智...	17	35.29%	点击
个人护理/保健/按...		飞科理发器原装刀头剪发器推子配件FC5803 FC5805 FC...	15	53.33%	点击

图 6-38　咨询商品

（3）询单转化。询单转化包含询单转化总体数据、询单转化链路和咨询商品三个模块。

① 询单转化总体数据。询单转化总体数据分为全自动参与询单人数、全自动参与询单转化率、全自动参与成交金额，如图 6-39 所示，这里的数据主要反映店小蜜的转化率。根据这些数据，我们可以分析出店小蜜的转化率及店小蜜参与的询单转化。

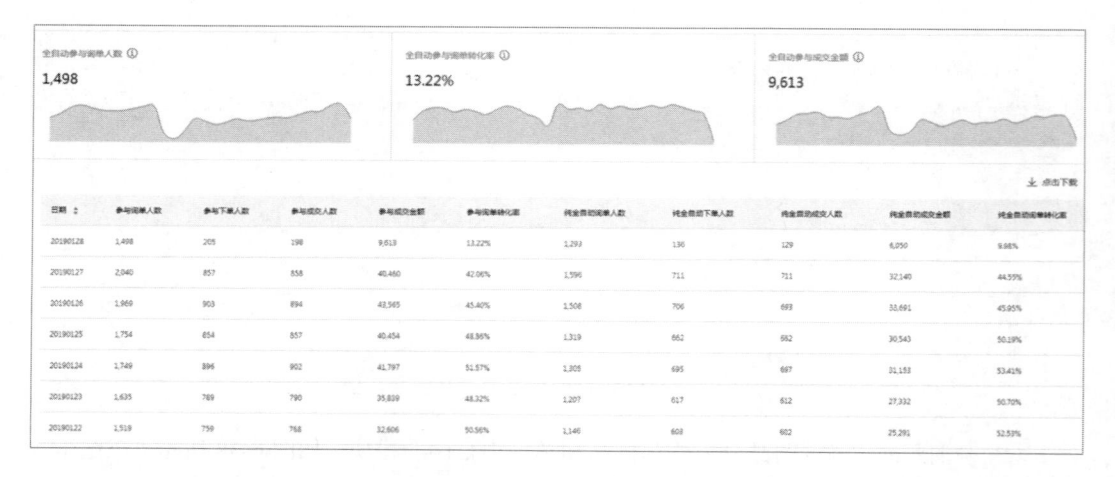

图 6-39 询单转化总体数据

② 询单转化链路。如图 6-40 所示，全自动参与的询单人数分为纯全自动接待的询单人数、全自动接待后人工询单人数。其中，纯全自动接待的询单人数分为纯全自动接待后下单人数、纯全自动接待前下单接待后付款人数；全自动接待后人工询单人数分为全自动接待后转人工下单人数、全自动接待前下单接待后咨询人工后付款人数。

例如，在下面这两种情况下，同一个客户会同时被计算到纯全自动接待的询单人数和全自动接待后人工询单人数里，所以两者加起来可能大于总的询单人数。①客户在咨询店小蜜后下单未付款，然后再咨询人工客服；②客户在咨询店小蜜后付款，然后咨询人工客服，最后下单或付款。

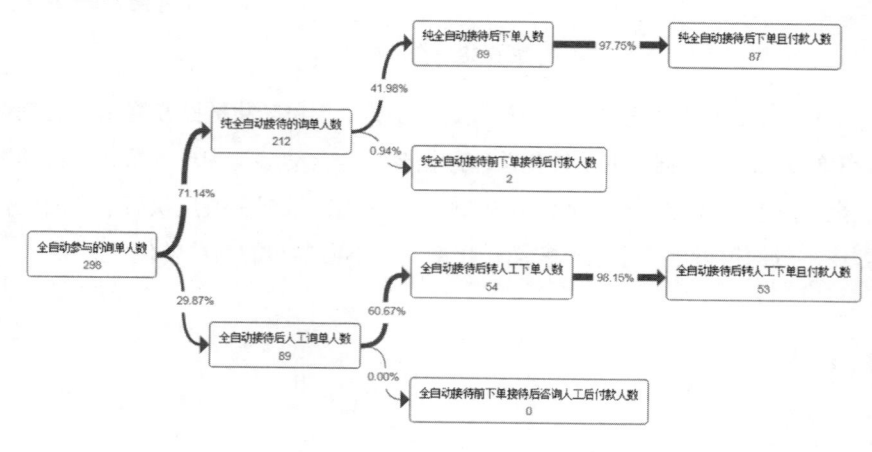

图 6-40 询单转化链路

③ 咨询商品。咨询商品分为热门商品和热门类目两个模块，在这里我们可以查看店铺的哪些商品的店小蜜转化率比较低，可以分析该商品哪些问题的转化率比较低，以便帮助智能客服训练师分析、优化提升转化率的话术，如图6-41所示。

图 6-41　咨询商品

（4）欢迎语。

① 欢迎语卡片总体数据。欢迎语卡片的点击数量和点击率可以说明卡片设置的是否为客户关心的问题、是否覆盖了店铺的热门问题。若点击率很低，点击人数很少，则可以通过活动及时调整，以吸引客户注意。欢迎语卡片总体数据如图6-42所示。

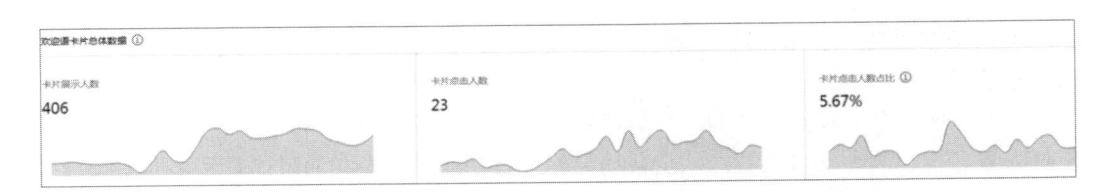

图 6-42　欢迎语卡片总体数据

② 欢迎语卡片点击热门问题。从欢迎语卡片点击热门问题中我们可以看到哪些问题是客户点击数量多的、关心的热门问题，可以根据热度及时调整卡片顺序或添加活动内容。对于没有热度的问题，我们可以考虑删除。欢迎语卡片点击热门问题如图6-43所示。

欢迎语卡片问题	点击人数
点击【发什么快递】	15
点击【什么时候发货】	13
点击【包邮吗】	3

图 6-43　欢迎语卡片点击热门问题

（5）智能催拍。从全自动催拍催付数据中我们可以了解到该功能带来的好处和催拍后的结果，数据分为全自动催拍人数、催拍后付款人数、催拍后付款金额，如图 6-44 所示。

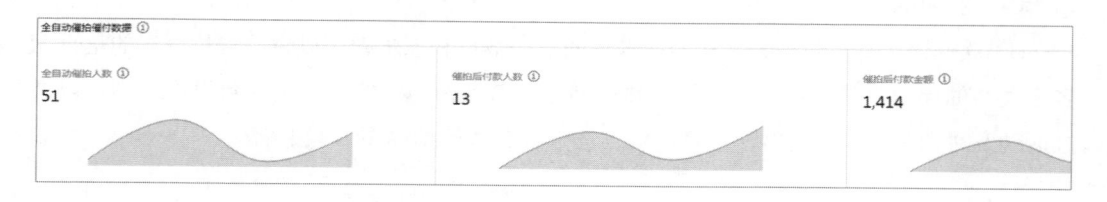

图 6-44　全自动催拍催付数据

（6）商品推荐。全自动导购推荐功能数据分为收到商品推荐人数、收到推荐后店铺内支付人数、推荐商品支付人数；从全自动导购推荐功能数据中我们可以看到不同的推荐类型数据和不同的推荐场景，如图 6-45 所示。

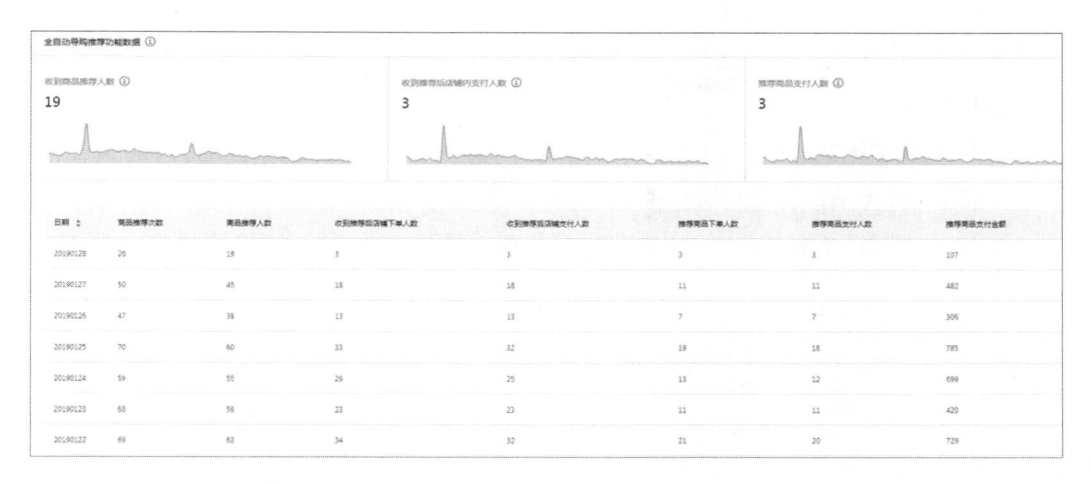

图 6-45　全自动导购推荐功能数据

2）智能辅助数据

（1）排名。排名反映智能辅助在店铺所属类目的排名情况和基础数据情况。基础数据情况包括使用情况、自动回复率、推荐回复点击率、知识库配置情况，如图 6-46 所示。

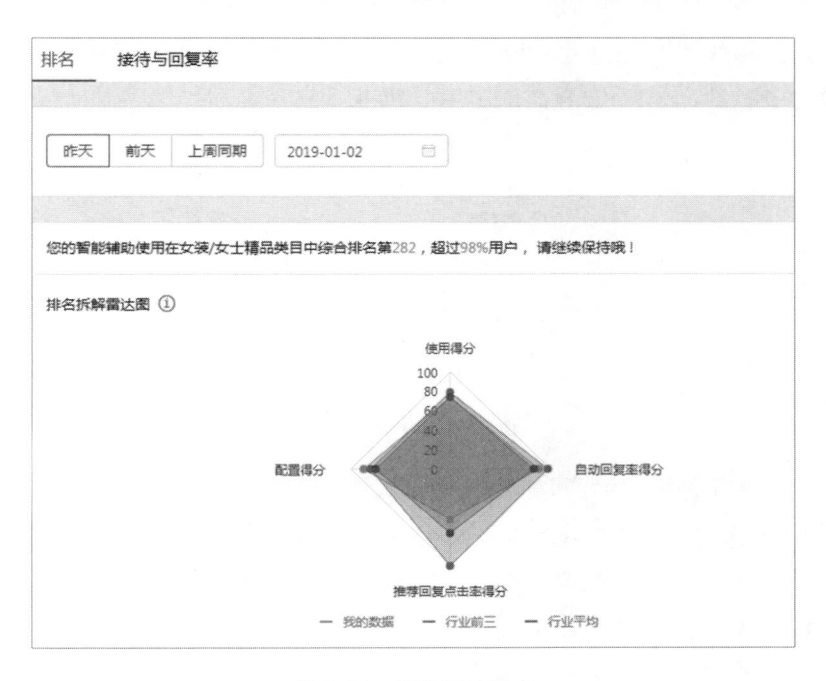

图 6-46　智能辅助排名

① 使用情况。使用情况包括有接待子账号数、有接待子账号占比、近 14 天使用天数，如图 6-47 所示。

近 14 天使用天数：指近 14 天内，开启智能辅助并有接待的天数。

有接待子账号数：智能辅助有接待的子账号数。

近 14 天有接待子账号占比：智能辅助有接待的子账号数/店铺有接待的子账号数。

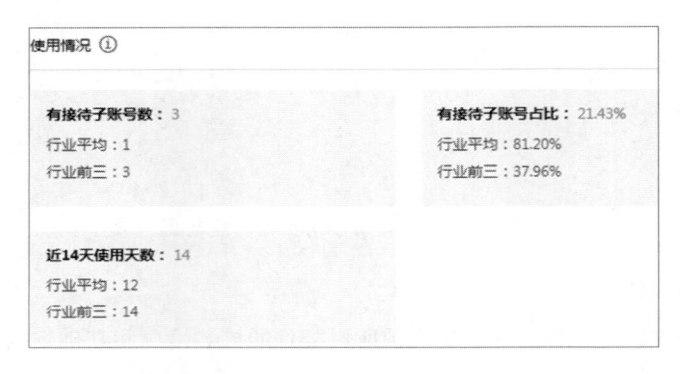

图 6-47　智能辅助使用情况

② 自动回复率。自动回复率=智能辅助自动发送的次数（不包含客服点击发送的）/智能辅助收到的咨询次数，这个比例越高，证明知识库配置越完善，对客服的辅助越好。自动回复率如图 6-48 所示。

图 6-48　自动回复率

③ 推荐回复点击率。推荐回复点击率=子账号点击智能辅助推荐的次数/子账号收到的智能辅助推荐的次数。这个数据指的是客服对出现推荐答案的点击比例，有两个原因可能导致点击率低：第一，弹出答案的错误率比较高；第二，客服没有习惯使用这样的工具。推荐回复点击率如图 6-49 所示。

图 6-49　推荐回复点击率

④ 知识库配置情况。知识库配置情况从行业通用问题完善度、行业包完善度、自定义问题完善度三个方面评判。

知识完善度：对于店铺知识中的行业高频问题，系统会自动检查每条知识配置的不含"转人工"引导的相关答案，并乘以这条知识的命中占比，得出行业高频问题的配置完善度。同时，系统也会检查知识是否配置了通用答案，若无则可能会扣完善度的分值。

（2）接待与回复率。接待与回复率涉及智能辅助接待总体数据。智能辅助接待总体数据（如图 6-50 所示）包括智能辅助接待次数、使用子账号数、智能辅助出答案率、智能辅助回复率。

智能辅助接待次：不同子账号智能辅助接待次数之和。

使用子账号数：智能辅助接待次数大于 0 的子账号数。

智能辅助出答案率：（智能辅助自动回复的次数+客服收到的智能辅助推荐内容的次数）/咨询智能辅助次数。

智能辅助回复率：（智能辅助自动回复的次数+客服手动点击智能辅助推荐内容的次数）/咨询智能辅助次数。

在这些数据指标中，我们要重点关注智能辅助出答案率这个指标，这个指标是衡量知识库问题对客服的辅助帮助程度，数值越高证明越好。

图 6-50　智能辅助接待总体数据

6.2 阿里店小蜜配置逻辑

6.2.1 店铺信息准备

第一，确定店铺所售宝贝的类目，如果有多个类目，那么建议以销量高的为主选择类目，以便为我们开始选择行业包做准备；第二，导出售前客服近两个月的聊天记录，梳理客户的高频热点问题，为自定义测试做准备；第三，查看后台的售后类问题，并针对自身店铺整理该问题的答案（答案空白为直连人工，如果不想让店小蜜处理该问题，那么答案为空白即可）；第四，梳理店铺的产品信息，产品信息一般由产品的基础属性组成，我们也要提炼产品的主要卖点（例如，设计亮点、个性化特点、产品介绍等），供后期填写答案使用。

6.2.2 行业包选择

在确定类目后，我们可以根据该类目下的宝贝订阅行业包，如果不确定要订阅哪个行业包，那么可以查看行业包里的问题是否适用于店铺宝贝，选择可用问题最多的行业包即可，如果有多个类目，那么建议以销量高的为主选择类目。

6.2.3 官方问题和行业包问题答案编辑

首先根据店铺情况，我们编辑官方行业通用的答案，然后可以根据产品信息表填写行业包的问题，把产品归类，对于同类答案只需要编辑一条答案，关联不同产品 ID 就可以了；例如，对于快递发货类问题，可以针对全店都通用的答案，直接关联全部宝贝就行了，具体的答案模块功能在上文中已经介绍了，我们可以根据产品信息编辑产品对应的答案，然后保存。

6.2.4 自定义问题添加

店小蜜的后台基本逻辑是问题+答案+关联产品。因此，问题和答案都是重点！在做答案前，我们首先需要确定问题，因为官方问题和行业包的数量是有限的，自定义问题也就不可或缺。

消费者是多样化的，他们的问题和问法会有差别，也许商家会困惑，店铺产品这么多，怎么知道消费者要问什么呢？首先，我们要明确我们不能解决消费者咨询的所有问题，但是我们能尽量了解到主要的以及大部分问题，少部分的个性化问题就留给人工客服去解决就行了。

自定义问题主要源于与客户聊天、问大家、评价三个模块。首先，提取一段时间内客服的聊天记录，罗列客户咨询的问题，对应产品以及客服回复的答案。其次，简化罗列的客户咨询问题。最后，合并同类问题。

自定义知识库分为自定义问题和自定义问法，自定义问法组成了自定义问题，一个问题可以有多个同类问法。

自定义问法的添加需要利用测试窗识别情况，测试窗的识别逻辑分为 4 种。

1．问法被官方问法识别：正确或错误

问法被官方问法识别正确，需要在答案里体现该问法需要回答的关键点，如图 6-51 所示。

问法被官方问法识别错误，就需要把问法添加到自定义问法里。若后台有同类问法，则直接添加问法，如果后台没有同类问法，就需要添加新的自定义问法，并配置该问法的答案，如图 6-52 所示。

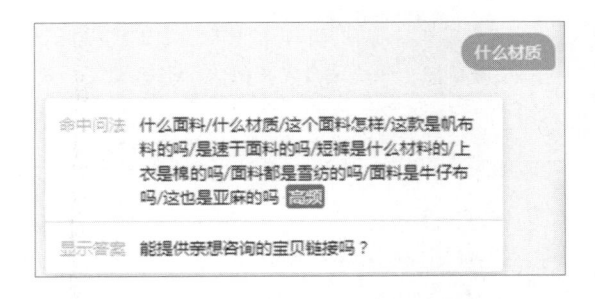

图 6-51 问法被官方问法识别正确

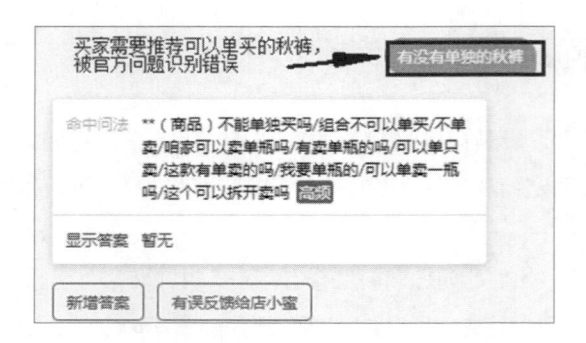

图 6-52　问法被官方问法识别错误

2. 问法被自定义问法识别：正确或错误

问法被自定义问法识别正确，需要在答案里体现该问法需要回答的关键点，如图 6-53 所示。

问法被自定义问法识别错误，需要另外添加自定义问法。若后台有同类问法，则直接添加问法，如果后台没有同类问法，就需要添加新的自定义问法，并配置该问法的答案，如图 6-54 所示。

图 6-53　问法被自定义问法识别正确

图 6-54　问法被自定义问法识别错误

3. 问法被关键词识别：正确或错误

问法被关键词识别正确如图 6-55 所示。

问法被关键词识别错误，需要调整关键词的内容，或者调整话术，如图 6-56 所示。

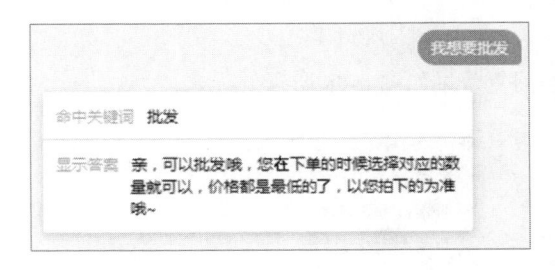

图 6-55　问法被关键词识别正确

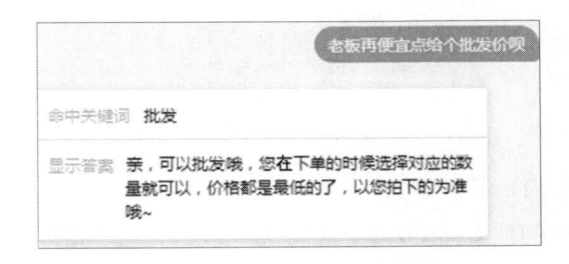

图 6-56　问法被关键词识别错误

4. 问法不被识别

问法不被识别，若后台有同类问法，则直接添加问法，如果后台没有同类问法，就需要添加新的自定义问法，并配置该问法的答案，如图 6-57 所示。

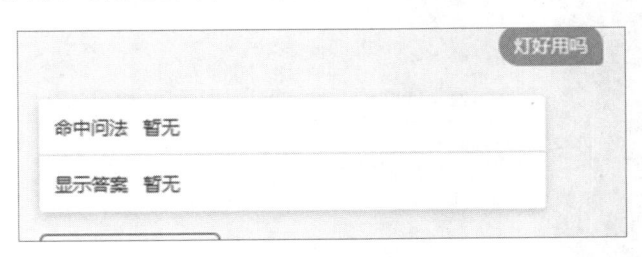

图 6-57　问法不被识别

6.2.5 欢迎语、卡片问题设置

欢迎语和卡片问题是客户在咨询时看到的回复开场白，所以如果欢迎语和卡片问题设置得清晰、简洁、有重点并且带有店铺特色，那么可以解决客户的很多疑问并且让他得到比较好的服务体验。

欢迎语和卡片问题回复效果如图 6-58 所示。

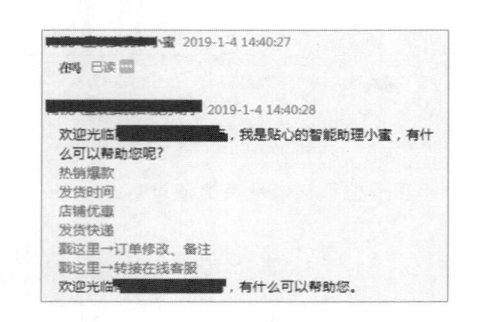

图 6-58 欢迎语和卡片问题回复效果

欢迎语和卡片问题的设置方法：

（1）在千牛工作台的搜索框中搜索"店小蜜"，打开店小蜜配置后台，选择"全自动模式"选项，即可找到前面介绍过的"欢迎语卡片设置"。

（2）在"欢迎语"文本框中，可以输入文字，编辑欢迎语，如图 6-59 所示。

图 6-59 欢迎语卡片设置

第 6 章 智能客服体系 | 199

（3）在"卡片问题"区域可以配置问题，最多可以配置 9 个问题。注意：建议把客户的高频咨询问题展示在这里，如图 6-60 所示。

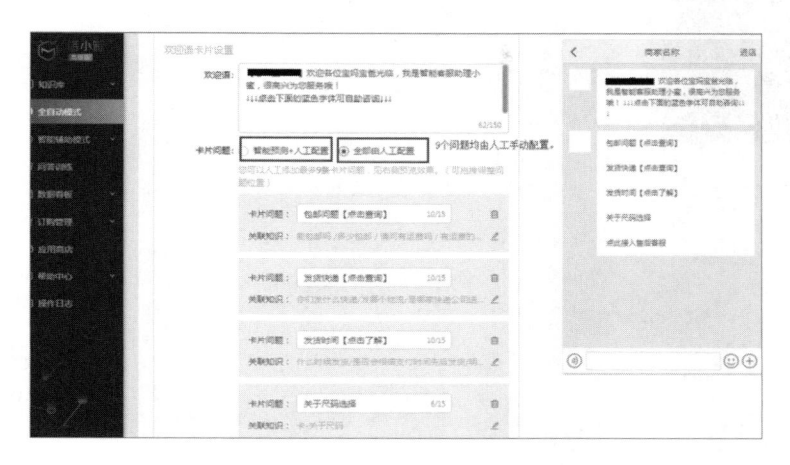

图 6-60　卡片问题

（4）在配置卡片问题时，点击"+新增卡片问题"链接，如图 6-61 所示，就会出现卡片编辑页面。

图 6-61　新增卡片

（5）在卡片编辑页面中，可以输入你想展示给客户的问题标题，如图 6-62 所示。要注意内容需清晰、明了，一目了然。

点击"关联知识：+添加关联知识"链接，可以将知识库中对应该问题的答案绑定在卡片上。当客户点击欢迎语中的卡片问题时，就会对应出现被绑定问题的答案。

注意：① 在配置卡片问题前，要提前确认关联的问题在知识库模块中已经被添加。
② 被关联的知识问题答案不能为空，若答案为空，则需要先添加关联知识并完善该条

答案，如图 6-63 所示。

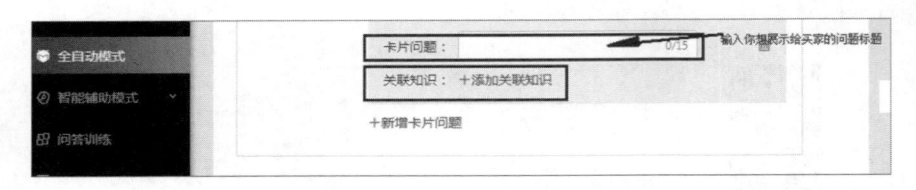

图 6-62　新增卡片设置步骤（1）

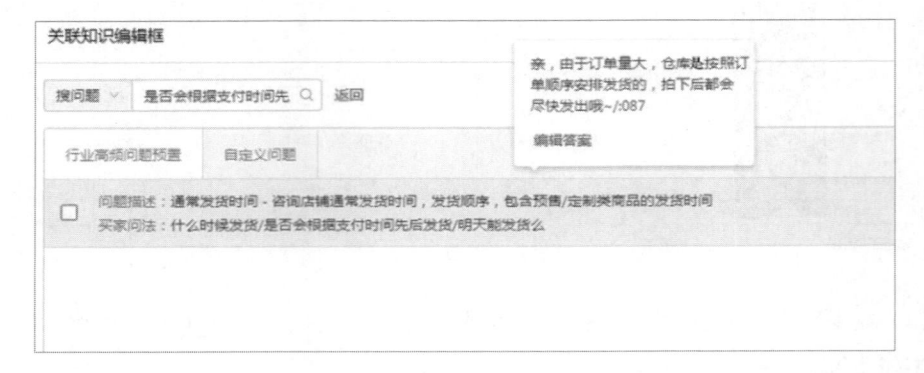

图 6-63　新增卡片设置步骤（2）

（6）在完成配置后，点击"保存"按钮即可。

6.2.6　直连人工设置

店小蜜主要的处理能力在售前的模块，对于售后的很多问题无法直接处理，这些问题需要进行人工备注登记、补发退款等操作，所以根据店铺情况，我们可以勾选需要的直连问题，直接跳过店小蜜，直连在线人工客服，如图 6-64 所示。

在选择完成后点击"保存"按钮即可。

图 6-64　直连人工

6.2.7　店小蜜的日常维护

1．产品上新

我们可以根据梳理出来的产品信息表，继续补充填写上新产品。写完后根据后台问题及补充好的产品信息表，覆盖每个问题。如果有同类的产品属性参数，那么可以直接把宝贝 ID 关联到该答案下；如果没有同类的产品属性参数，那么需要重新编辑答案。产品上新不及时可能会影响到转人工及转化数据。

2．活动配置

1）活动话术配置

我们要根据店铺的具体活动内容，寻找需要更改的对应问题（例如，有什么活动？有优惠券吗？），修改并优化活动话术，在店小蜜后台添加活动话术。

2）活动时效设置

店铺活动的具体时间（例如，优惠券的生效时间）应该和该优惠券相关话术时效同步，我们要在后台添加答案的同时设置活动时效及活动后的话术，以保证活动期间和活动结束无缝衔接，且回复不出错。活动时效设置案例如图 6-65 所示。

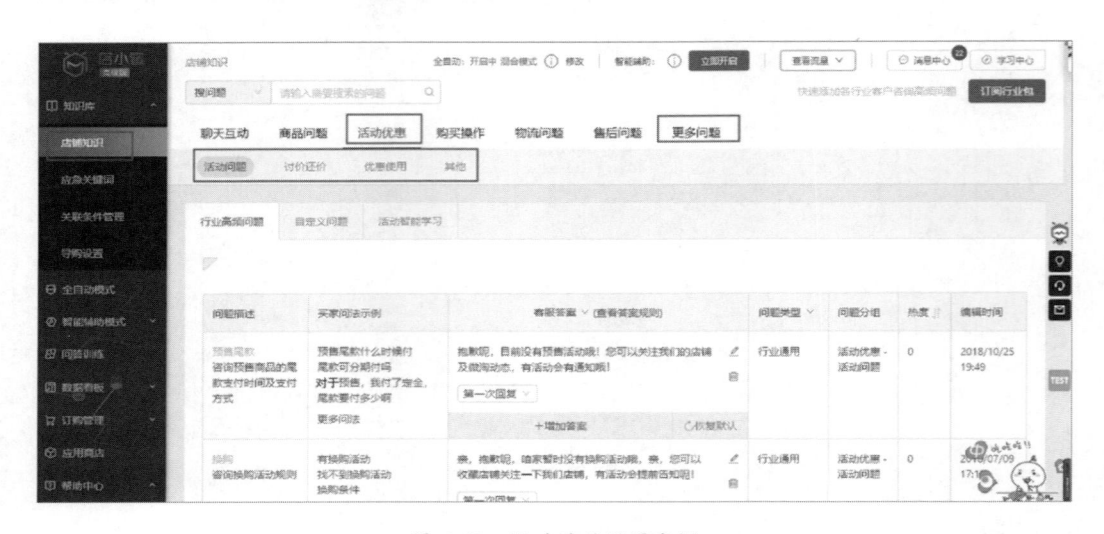

图 6-65　活动时效设置案例

6.2.8　店小蜜数据优化

在日常开启店小蜜以后，数据优化是智能客服训练师重要的工作，我们可以根据后台数据看板的指标分析数据出现问题的原因，对知识库及对应的设置进行更改。主要的优化方向包括转人工率优化和询单转化优化。

1．转人工率优化

影响转人工率的三大指标，分别为在数据看板中接待和转人工率模块中的命中知识—无答案、命中知识—看到答案后输入"转人工"，未命中知识无答案回复。我们可以在以下三个地方优化转人工率。转人工组成分解图如图 6-66 所示。

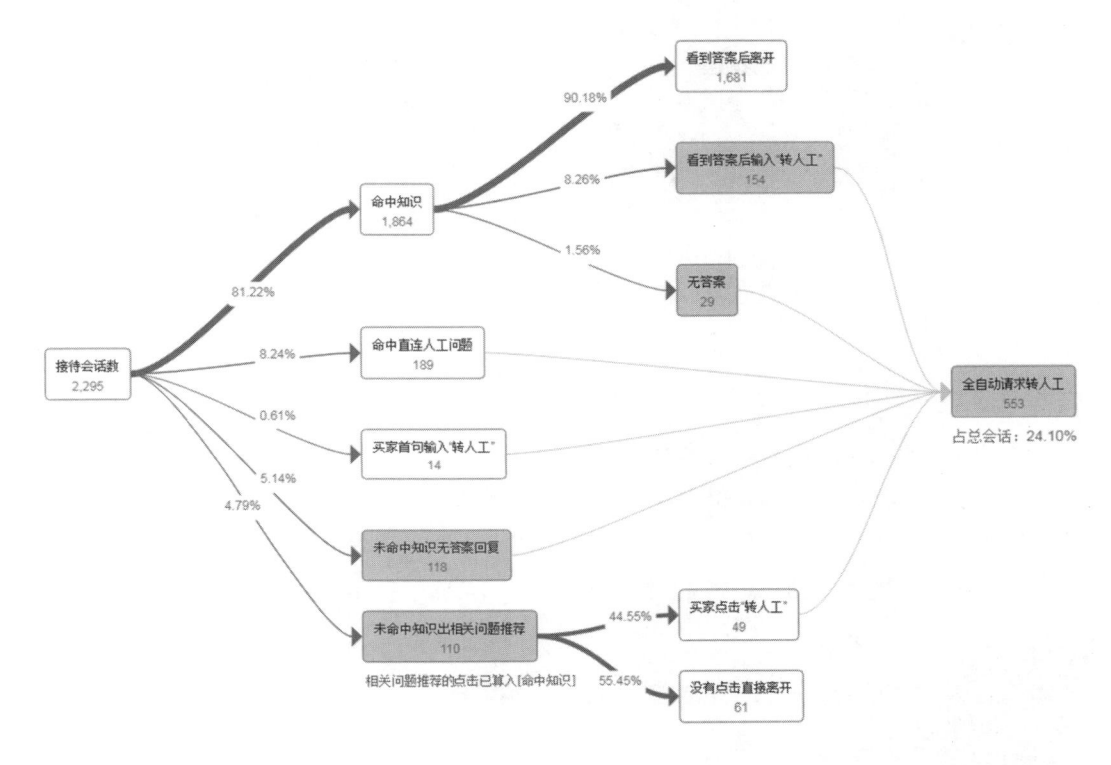

图 6-66 转人工组成分解图

1）命中知识—无答案

命中知识—无答案一般为产品答案覆盖不全，优化方法如图 6-67 和图 6-68 所示。

第一步，点击"命中后无答案的知识"选项，就会出现诊断内容。

第二步，对"咨询后无答案次数"进行倒序排序，这样我们就可以找到无答案最多的那个知识，也就是我们要优先配置答案的知识。

第三步，复制对应的知识名称。

图 6-67 命中知识—无答案（1）

第四步，点击"店铺知识"选项，进入知识库。

第五步，在知识库的搜索框中，粘贴刚刚复制的知识，点击搜索图标进行搜索，定位到该知识。

第六步，点击"+增加答案"链接，可以增加一条通用兜底答案。

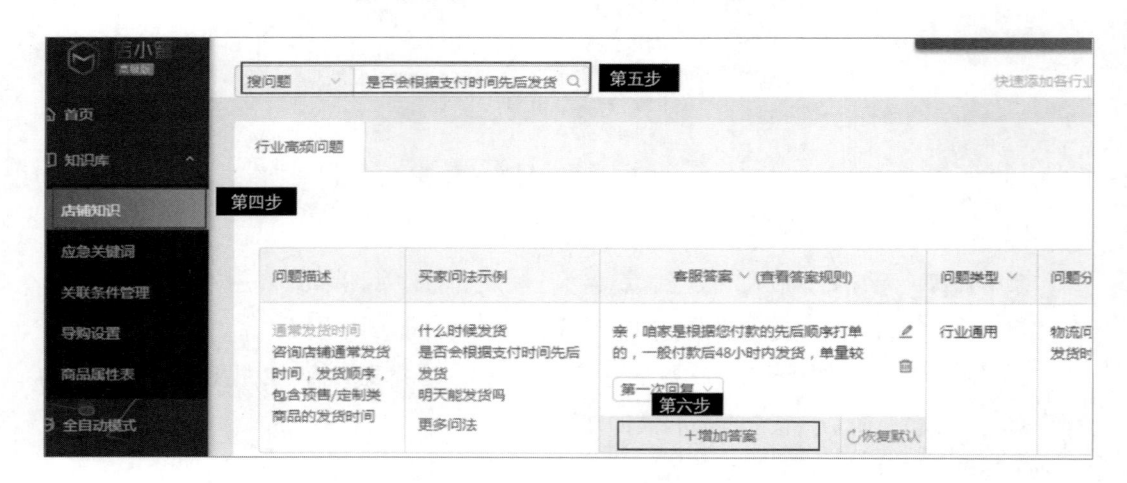

图 6-68 命中知识—无答案（2）

2）命中知识—看到答案后输入"转人工"

命中知识—看到答案后输入"转人工"一般为店小蜜识别错误或在客户看到答案中的转人工提示后转人工，优化方法如下（如图 6-69 和图 6-70 所示）。

第一步，点击"命中知识"选项。

第二步，对"看答案后要求人工次数"进行倒序排序，这样我们就可以找到转人工率最多的那个知识，也就是我们要优先优化答案的知识。

第三步，复制转人工率高的知识。

第四步，点击查看此知识的高频产品，可以按咨询量倒序，把这里所有的产品 ID 和对应的咨询都复制保存下来。

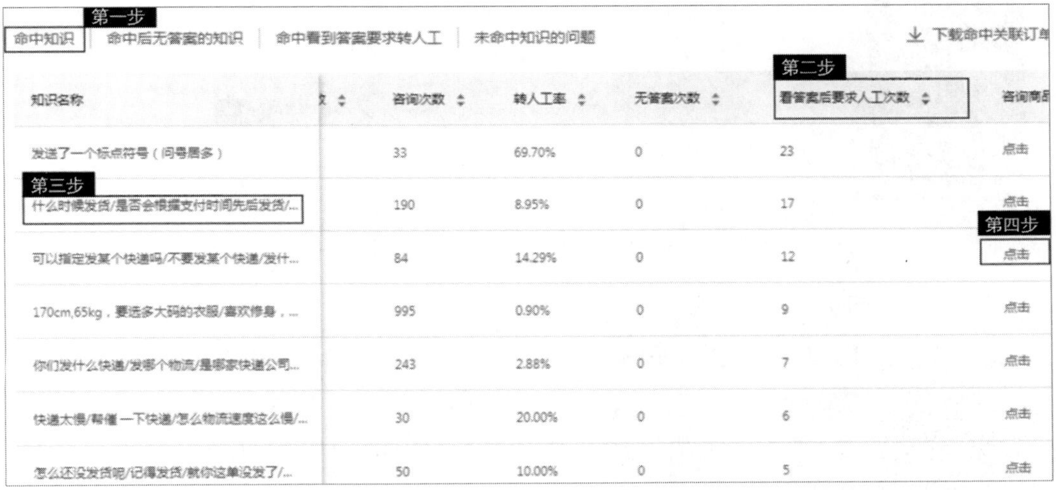

知识名称	咨询次数	转人工率	无答案次数	看答案后要求人工次数	咨询商品
发送了一个标点符号（问号居多）	33	69.70%	0	23	点击
什么时候发货/是否会根据支付时间先后发货/...	190	8.95%	0	17	点击
可以指定发某个快递吗/不要发某个快递/发什...	84	14.29%	0	12	点击
170cm,65kg，要选多大码的衣服/喜欢修身，...	995	0.90%	0	9	点击
你们发什么快递/发哪个物流/是哪家快递公司...	243	2.88%	0	7	点击
快递太慢/帮催一下快递/怎么物流速度这么慢/...	30	20.00%	0	6	点击
怎么还没发货呢/记得发货/就你这单没发了/...	50	10.00%	0	5	点击

图 6-69　命中知识—看到答案后输入"转人工"（1）

第五步，点击"店铺知识"选项，进入知识库。

第六步，在知识库的搜索框中粘贴刚刚复制的知识，点击搜索图标进行搜索，定位到该知识。

第七步，点击编辑答案，弹出"答案编辑框"对话框。

第八步，选择"指定商品"单选按钮。

第九步，选择按产品 ID 搜索产品，根据第四步复制的产品 ID，粘贴产品 ID，根据不同产品编辑不同的答案。

图 6-70　命中知识—看到答案后输入"转人工"（2）

3）未命中知识无答案回复

店小蜜目前的知识库覆盖度不够，命中率一般在 75%以上。我们对未命中的知识添加自定义问题可以提高命中率，具体步骤如下（如图 6-71 和图 6-72 所示）。

第一步，点击"未命中知识的问题"选项，对"咨询次数"倒序排列。

第二步，复制对应的问题。

图 6-71　降低未命中无答案回复（1）

第三步，点击"店铺知识"选项，进入知识库。

第四步，点击"自定义知识"选项。

第五步，点击"新增自定义问题"按钮。

第六步，将辅助的问题粘贴到"问法"框保存，之后在自定义问题里完善对应的知识。

图 6-72　降低未命中无答案回复（2）

2．询单转化优化

我们首先需要保证关联产品的答案都正确，且回复问题内容详细。在后台高级版中建议开启智能催拍、产品推荐、无货求购、多轮导购等功能，以提高对话轮次及体验。在活动变化时我们要及时添加活动答案及更新卡片和欢迎语，提高活动转化率及客户体验。

我们可以参照咨询产品，根据数据看板中询单转化模块，查看店铺中哪些产品的店小蜜转化率比较低，然后根据该产品的对应话术分析话术的优劣，如图 6-73 所示。我们也可以查看产品的哪些问题的转化率比较低，针对这些问题进行数据优化，以便智能客服训练师提高转化率，如图 6-74 所示。

咨询问题

类型	行业包	知识名称	询单人数	成交人数	询单转化
行业通用知识	行业通用	保修时间多长/保修多久/保修内容是...	3	0	0.00%
行业通用知识	行业通用	能不能便宜点儿/价格有点贵/能不能再优惠点儿/...	2	1	50.00%
自定义问题	-	充电器单卖不	2	1	50.00%
行业通用知识	行业通用	我想换货可以吗/能不能换/质量有问题，能...	1	0	0.00%
自定义问题	-	自己可以换其他电池吗	1	0	0.00%
行业通用知识	行业通用	快递说叫你们补发 / 丢失了要补发 ...	1	0	0.00%

图 6-73　询单转化—产品话术转化率

热门商品 | 热门类目

一级类目	商品的id	商品标题	询单人数	成交人数	询单转化	咨询问题
生活电器	535572006607	飞科毛衣服起球修剪器充电式去毛毛球衣物刮吸除毛器...	938	499	53.20%	点击
个人护理/保健...	42896278235	飞科男士剃须刀电动刮胡刀智能充电式官方旗舰店正品...	292	131	44.86%	点击
个人护理/保健...	10529085712	飞科电动鼻毛修剪器男士剃鼻毛器男用去刮鼻毛剪刀鼻...	55	26	47.27%	点击
生活电器	10528812922	飞科剃毛去除毛球修剪器充电式吸毛脱毛衣服衣物剃毛...	26	11	42.31%	点击
个人护理/保健...	35834222047	飞科剃头刀推剪头发成人家用充电式理发器电剪刀推子...	21	8	38.10%	点击
个人护理/保健...	544151155880	飞科剃须刀男士智能全身水洗胡须刀充电式电动刮胡刀...	20	5	25.00%	点击
个人护理/保健...	532999331175	飞科男士车载剃须刀电动智能充电式刮胡刀全身水洗剃...	12	7	58.33%	点击

图 6-74　询单转化—产品转化率

本章小结

在本章中，我们介绍了智能客服的发展和新出现的岗位——智能客服训练师的岗位职责，重点介绍了阿里店小蜜各个模块的功能，以及配置一家店铺的技巧及方法，简单介绍了店小蜜数据维护的具体方法，以便读者提升店小蜜的接待能力和转化能力。智能客服的使用已经是不可避免的趋势，客户在未来的工作中可以多尝试使用智能客服软件，在降低成本的同时提升效率。

本章习题

1. 关于优化店小蜜答案的目的，以下哪个说法是正确的？
   A. 提升客户体验　　　　　　　　　B. 降低店小蜜的转人工率
   C. 提高询单转化率　　　　　　　　D. 以上都是

2. 关于开启夜间接待模式，以下哪个方法是正确的？
   A. 开启店小蜜，选择人工优先
   B. 开启店小蜜，选择助手优先
   C. 在"机器人服务设置"中配置自定义时间
   D. 在"时效设置"中配置关联时效

3. 如果智能客服训练师小环想优化店小蜜未解决的问题，那么他可以从以下哪个选项中找到数据？
   A. 数据看板中欢迎语卡片数据
   B. 数据看板中转人工分析中的未解决问题
   C. 数据看板中的实时和历史接待数据
   D. 以上都可以

4. 在开启店小蜜后，店小蜜是通过以下哪一个账号为客户服务的？
   A. 服务助手账号　　　　　　　　　B. 子账号
   C. 机器人账号　　　　　　　　　　D. 店铺名：服务助手

5. 如果店小蜜已命中客户问题但未解决该问题，那么我们可以通过以下哪些方案进行优化？
   A. 补全官方知识库问题答案　　　　B. 关联产品进行答案的精细化配置
   C. 添加参数配置代替原来的通用答案　D. 在答案中减少转人工的引导

电子工业出版社优秀跨境电商图书

阿里巴巴官方作品，速卖通宝典丛书（共8册）

跨境电商物流 阿里巴巴速卖通宝典
配有PPT
书号：978-7-121-27562-3
定价：49.00元

跨境电商客服 阿里巴巴速卖通宝典
配有PPT
书号：978-7-121-27620-0
定价：55.00元

跨境电商美工 阿里巴巴速卖通宝典
配有PPT 全彩印刷
书号：978-7-121-27679-8
定价：69.00元

跨境电商营销 阿里巴巴速卖通宝典
配有PPT
书号：978-7-121-27678-1
定价：78.00元

跨境电商数据化管理 阿里巴巴速卖通宝典
配有PPT
书号：978-7-121-27677-4
定价：49.00元

跨境电商SNS营销与商机 阿里巴巴速卖通宝典
配有PPT
书号：ISBN 978-7-121-32584-7
定价：89.80元

跨境电商运营与管理 阿里巴巴速卖通宝典
配有PPT
书号：ISBN 978-7-121-32582-3
定价：59.00元

跨境电商视觉呈现 阿里巴巴速卖通宝典
配有PPT 全彩印刷
书号：ISBN 978-7-121-32583-0
定价：59.00元

跨境电商图书兄弟篇

跨境电商基础、策略与实战
ISBN 978-7-121-28044-3
定价：59.00元
出版日期：2016年3月
阿里巴巴商学院 组织编写
柯丽敏 王怀周 编著
主要内容：进口出口外贸跨境电商教程，配有PPT课件。
跨境电商主流平台运营讲解！
出口外贸零售相关从业者阅读！
配有PPT

跨境电商多平台运营（第2版）——实战基础
ISBN 978-7-121-31412-4
定价：69.00元
出版日期：2017年6月
易传识网络科技 主编 丁晖 等编著
主要内容：速卖通、Amazon、eBay、Wish和Lazada五大平台运营攻略。
畅销教程全新升级，兼顾跨境电商从业者与院校学员，提供PPT支持。
配有PPT

跨境电商——阿里巴巴速卖通宝典（第2版）
ISBN 978-7-121-26388-0
定价：79.00元
出版日期：2015年7月
速卖通大学 编著
主要内容：阿里巴巴速卖通运营。
阿里巴巴官方跨境电商B2C权威力作！
第2版全新升级！持续热销！

亚马逊跨境电商运营宝典
ISBN 978-7-121-34285-1
定价：69.00元
出版日期：2018年6月
老魏 著
作者拥有12年外贸和跨境电商从业经历，助你系统解决亚马逊运营痛点。

阿里巴巴国际站"百城千校·百万英才"**跨境电商人才认证配套教程**   教程与PPT咨询，请致电编辑：010-88254045

从0开始 跨境电商实训教程
阿里巴巴（中国）网络技术有限公司 编著
ISBN 978-7-121-28729-9
适用于一切需要"从零开始"的跨境电商企业从业人员和院校学生！
配有PPT

跨境电商B2B 立体化实战教程
阿里巴巴（中国）网络技术有限公司
浙江商业职业技术学院 编著
ISBN 978-7-121-35828-9
图书+PPT课件+在线视频学习资源+跨境电子商务师认证
配有PPT